I0227618

Beginner's PERSIAN with Online Audio

Beginner's
PERSIAN
with Online Audio

Mohammad Mehdi Khorrami

HIPPOCRENE BOOK, INC.
New York

 **Audio files available for download at:**
http://www.hippocrenebooks.com/beginners-online-audio.html

Online audio edition, 2018.
Copyright © 2011, 2012 Mohammad Mehdi Khorrami

All rights reserved.

For information, address:
Hippocrene Books, Inc.
171 Madison Avenue
New York, NY 10016
www.hippocrenebooks.com

ISBN: 978-0-7818-1380-8

Previous edition ISBN: 978-0-7818-1274-0

Printed in the United States of America.

To my parents and sisters

Contents

GUIDE TO READING AND WRITING IN PERSIAN	1
THE PERSIAN ALPHABET	18
LESSON ONE	33
Conversations	34
Grammar	43
بودن [budan] *to be*	43
Personal Pronouns	44
Word order in sentences	44
Omission of subject pronoun	45
تو versus شما, informal versus formal	45
Adjectives to describe nationality	45
Vocabulary List	46
Exercises	48
LESSON TWO	53
Conversations	54
Grammar	58
Expressing possession	58
Demonstrative adjectives	58
The verb داشتن [dāshtan] *to have*	59
Plural markers	59
Vocabulary List	60
Exercises	62
LESSON THREE	67
Conversations	68
Grammar	71
The *Ezafeh*	71
Adjectives	71
The verbs دانستن [dānestan] and شناختن [shenākhtan] *to know*	73
The present indicative tense	74
Irregular Verbs: بودن [budan] *to be* and داشتن [dāshtan] *to have*	74

Present stems of regular verbs	74
Negation	77
Vocabulary List	78
Exercises	80

LESSON FOUR — 85
Conversation — 86
Grammar — 88
    Compound verbs — 88
    Interrogative sentences — 88
Vocabulary List — 90
Exercises — 92

LESSON FIVE — 97
Conversations — 98
Grammar — 102
    The days of the week — 102
    Cardinal numbers — 102
    Ordinal numbers — 103
    Additional compound verbs (to show; to prepare) — 103
    The colors of the rainbow — 105
Vocabulary List — 106
Exercises — 108

LESSON SIX — 113
Conversations — 114
Grammar — 118
    Time — 118
    New verbs (to go; to come; to arrive; to want; to be able to) — 119
    Simple past tense — 121
Vocabulary List — 124
Exercises — 126

LESSON SEVEN — 131
Conversations — 132
Grammar — 135

Possessive attached pronouns	135
Present perfect tense	135
Past perfect tense	137
Vocabulary List	138
Exercises	139
LESSON EIGHT	145
Conversation	146
Grammar	149
Comparative and superlative adjectives	149
Single-person or impersonal verbs	150
Past continuous / habitual / progressive verbs	151
Vocabulary List	152
Exercises	154
LESSON NINE	159
Conversations	160
Grammar	163
Using *keh*	163
Imperatives	164
Conditional sentences	165
Vocabulary List	166
Exercises	168
LESSON TEN	171
Conversations	172
Grammar	175
Present subjunctive	175
Future tense	176
Vocabulary List	177
Exercises	179
PERSIAN-ENGLISH GLOSSARY	183
ENGLISH-PERSIAN GLOSSARY	195
EXERCISE ANSWER KEY	205
AUDIO TRACK LIST	236

Guide to Reading and Writing in Persian

The Persian alphabet has thirty-two letters. Persian is written from right to left. One of the main characteristics of this language is that some of its letters have more than one sound, and there is sometimes more than one letter representing one sound. For example, the letter *vav* could represent /o/, /ow/, /u/ or /v/. And there are four letters that represent the sound /s/. The same is true for the sound /z/. This makes the writing of Persian somewhat difficult, because when hearing these sounds one is not sure which letter should be used. In practice, however, this is not as problematic as it might seem because in all these cases there is one letter with a much higher frequency than others. Another feature of the Persian writing system is that some letters may be connected to the letters that follow them and some cannot. Depending on whether they appear at the beginning, middle, or the end of a word, letters which are connectors take different forms.

In the following section, letters are introduced one by one, and along with their phonetic pronunciation(s), their major forms are given. For each letter, examples based on letters learned are given. The best way to master the pronunciation of the letters is to listen to example words and repeat them. At the end of this section there is a reference alphabet chart that includes different forms of each letter. There are also English words depicting the pronunciation of each letter.

1: 2

Alef ا

This letter can be a consonant or a vowel.

Sound	Letter
/ã/, /'/	ا

• This letter functions as a consonant when it comes at the beginning of a word or syllable.

• One of the ways to produce the sound /ã/ at the beginning of a word is to use this letter with the sign ~ over it. (آ)

• This letter cannot be connected to its following letter.

• /'/ represents a glottal stop. For example, the pronunciation of ' in the word Hawa'i.

blue	[ābi]	آبی
cow	[gāv]	گاو
beautiful	[zibā]	زیبا

Beh ب ﺑ

Sound	Letter
/b/	ب ﺑ

with	[bā]	با
dad	[bābā]	بابا
water	[āb]	آب
apple	[sib]	سیب

Peh پ پ

	Sound	Letter
	/p/	پ پ

foot	[pā]	پا
pope	[pāp]	پاپ
pipe	[pip]	پیپ

Teh ت ت

	Sound	Letter
	/t/	ت ت

until	[tā]	تا
swing	[tāb]	تاب
speed	[sor'at]	سرعت

Seh ث ث

	Sound	Letter
	/s/	ث ث

wealth	[servat]	ثروت
discussion	[bahs]	بحث
example	[mesāl]	مثال

Jim ج ج جـ

This letter has three main forms, depending on where in the word it is located.

	Sound	Letter
	/j/	جـ ج ج

place	[jā]	جا
crown	[tāj]	تاج
collection	[majmu'eh]	مجموعه
five	[panj]	پنج

Cheh چ چ چـ

This letter has three main forms, depending on where in the word it is located.

	Sound	Letter
	/ch/	چـ چ چ

print	[chāp]	چاپ
nothing	[hich]	هیچ
complicated	[pichideh]	پیچیده
migration	[kuch]	کوچ

Heh ح ﺤ ﺣ

This letter has three main forms, depending on where in the word it is located.

Sound	**Letter**
/h/	ح ﺤ ﺣ

haji	[hāj]	حاج
beloved	[mahbub]	محبوب
correct	[sahih]	صحیح
design	[tarh]	طرح

Kheh خ ﺨ ﺧ

This letter has three main forms, depending on where in the word it is located.

Sound	**Letter**
/kh/	خ ﺨ ﺧ

This sound does not exist in English. Its pronunciation is similar to the pronunciation of the letter "j" in Spanish, as in the word *jefe*.

cross	[khāj]	خاج
ouch	[ākh]	آخ
difficult	[sakht]	سخت
nail	[mikh]	میخ

Dal د

Sound	Letter
/d/	د

This letter cannot be connected to its following letter.

shout, justice	[dād]	داد
wind	[bād]	باد
bad	[bad]	بد

Zal ذ

Sound	Letter
/z/	ذ

This letter cannot be connected to its following letter.

nature, essence (of human, thing)	[zāt]	ذات
delicious	[laziz]	لذیذ
mischievous	[muzi]	موذی

Reh ر

Sound	Letter
/r/	ر

This letter cannot be connected to its following letter.

thread, string, tar (a musical instrument)	[tār]	تار
brother	[barādar]	برادر

doubt	[tardid]	تردید
flour	[ārd]	آرد

Zeh ز

Sound	Letter
/z/	ز

This letter cannot be connected to its following letter.

miserable, wretched	[zār]	زار
wage	[mozd]	مزد
harm, torment	[āzār]	آزار

Zheh ژ

Sound	Letter
/zh/	ژ

- This letter cannot be connected to its following letter.
- This letter is pronounced as *su* in the word *pleasure*.

idle talk, nonsense	[zhāzh]	ژاژ
eyelash	[mozheh]	مژه
dew	[zhāleh]	ژاله

Sin س ـسـ

		Sound	Letter
		/s/	س ـسـ
dice	[tās]	**تاس**	
Sara	[sārā]	**سارا**	
Astara (name of a city in Iran)	[āstārā]	**آستارا**	

Shin ش ـشـ

		Sound	Letter
		/sh/	ش ـشـ
pottage, porridge	[āsh]	**آش**	
happy	[shād]	**شاد**	
eight	[hasht]	**هشت**	

Sad ص ـصـ

		Sound	Letter
		/s/	ص ـصـ
sad (name of the letter)	[sād]	**صاد**	
special	[makhsus]	**مخصوص**	
face	[surat]	**صورت**	

Guide to Reading and Writing in Persian

Zad ضـ ض

	Sound	Letter
	/z/	ضـ ض

zad (name of the letter)	[zād]	ضاد
harmful	[mozer]	مضر
sick	[mariz]	مریض

Ta ط

	Sound	Letter
	/t/	ط

ta (name of the letter)	[tā]	طا
perfume	['atr]	عطر
oak	[balut]	بلوط

Za ظ

	Sound	Letter
	/z/	ظ

za (name of the letter)	[zā]	ظا
appearance	[zāher]	ظاهر
oppressed	[mazlum]	مظلوم

Ayn ع ـع ـعـ عـ

This letter has four main forms, depending on where in the word it is located.

Sound	Letter
/'/	ع ـع ـعـ عـ

• /'/ represents a glottal stop. For example, the pronunciation of ' in the word Hawa'i.

shame, disgrace	[ār]	عار
strange	['ajib]	عجیب
exile	[tab'id]	تبعید
obstacle	[māne']	مانع
epilepsy	[sar']	صرع

Ghayn غ ـغ ـغـ غـ

This letter has four main forms, depending on where in the word it is located.

Sound	Letter
/gh/	غ ـغ ـغـ غـ

• This sound does not exist in English. The sound of this letter is similar to the pronunciation of "r" in French as in *merci*.

cave	[ghār]	غار
garden	[bāgh]	باغ
sad	[maghmum]	مغموم

Feh ف ﻓ

	Sound	Letter
	/f/	ف ﻓ

revealed	[fāsh]	فاش
dirty	[kasif]	کثیف
straight	[sāf]	صاف

Qaf ق ﻗ

	Sound	Letter
	/q/	ق ﻗ

This sound does not exist in English. The sound of this letter is similar to the pronunciation of r in French. Note that although its phonetic symbol differs from that of غ most speakers pronounce these two letters as the French "r" as in *merci*.

frame	[qāb]	قاب
Mr.	[āqā]	آقا
calf	[sāq]	ساق
truth	[haqiqat]	حقیقت

Kaf ک ک

	Sound	Letter
	/k/	ک ک

work	[kār]	کار
I wish	[kāsh]	کاش
thought	[fekr]	فکر
clean	[pāk]	پاک

Gaf گ گ

	Sound	Letter
	/g/	گ گ

gas; bite	[gāz]	گاز
gaf (name of the letter)	[gāf]	گاف
unless	[magar]	مگر
dog	[sag]	سگ

Lam ل ل

	Sound	Letter
	/l/	ل ل

mute	[lāl]	لال
year	[sāl]	سال
up, high	[bālā]	بالا
metal	[felez]	فلز

Mim ﻣ م

		Sound	Letter
		/m/	ﻣ م
wealth, belonging	[māl]	مال	
snake	[mār]	مار	
trap	[dām]	دام	
earth, ground	[zamin]	زمین	

Nun ﻧ ن

		Sound	Letter
		/n/	ﻧ ن
bread	[nān]	نان	
Aban (name of a month)	[ābān]	آبان	
life; dear	[jān]	جان	
those	[ānān]	آنان	

Vav و

Sound	Letter
/v/, /u/, /o/, /ow/	و

- This letter cannot be connected to its following letter.
- This letter has four different sounds:
- /v/ as a consonant
- /u/ (as a vowel) as the pronunciation of *oo* in *m<u>oo</u>n*.
- /o/ (as a vowel) as the pronunciation of *o* in *g<u>o</u>*.
- /ow/ (as a vowel) as the pronunciation of *ow* in *w<u>ow</u>*.

smell, odor	[bu]	بو	/u/
face	[ru]	رو	
hair	[mu]	مو	
day	[ruzp]	روز	
you (2nd person sg.)	[to]	تو	/o/
polo	[chowgān]	چوگان	/ow/
high, lofty	[vālā]	والا	/v/
harm, compensation	[tāvān]	تاوان	
cow	[gāv]	گاو	

Heh ﻫ ﻬ ﻪ ه

This letter has four main forms, depending on where in the word it is located.

Sound	Letter
/h/, /e/	ﻫ ﻬ ﻪ ه

This letter has two sounds: /h/ as a consonant and /e/ as a vowel. As a vowel, this letter almost always appears at the end of the word or syllable, after a consonant.

starch (in clothing)	[āhār]	آهار	/h/
hallway, living room	[hāl]	هال	
moon	[māh]	ماه	
king	[shāh]	شاه	
mountain	[kuh]	کوه	
sigh	[āh]	آه	
way, road	[rāh]	راه	

Guide to Reading and Writing in Persian 15

kings	[shāhān]	شاهان	
house, home	[khāneh]	خانه	/e/
vagabond, wandering	[āvāreh]	آواره	
museum	[muzeh]	موزه	
jar	[kuzeh]	کوزه	
fasting	[ruzeh]	روزه	
shoulder, comb	[shāneh]	شانه	
monthly publication	[māhnāmeh]	ماهنامه	

Yeh ی ﻴ

Sound	Letter
/i/, /y/, /ey/	ی ﻴ

- This letter can be connected to its following letter.
- /i/ as the pronunciation of *ee* in *feel.*

apple	[sib]	سیب	/i/
wall	[divar]	دیوار	
table	[miz]	میز	
glass	[shisheh]	شیشه	
haji	[hāji]	حاجی	
Shiite	[shi'eh]	شیعه	
mad, crazy	[divāneh]	دیوانه	
whiskey	[viski]	ویسکی	

memory	[yād]	یاد	/y/
Greece	[yunān]	یونان	
or	[yā]	یا	
cake	[keyk]	کیک	/ey/

Short vowels:

The three short vowels َ/a/, ُ/o/, and ِ/e/ are not generally considered letters by Persians, so they are not included in the list of 32 letters of the Persian alphabet. The first two vowel markers are placed above the letters and the third one appears below the letters. Like Arabic, these vowels are usually omitted in writing. This makes reading of Persian and Arabic texts somewhat difficult. In this book we will use these markers through the first lesson and after that they will be omitted. However, all Persian words in the first three chapters are transcribed using the Latin alphabet.

I	[man]	مَن	/a/
night	[shab]	شَب	
Bahman (name of a month)	[bahman]	بَهمَن	
kebab	[kabāb]	کَباب	
coffee	[qahveh]	قَهوه	
Akbar (proper name)	[akbar]	اَکبَر	
you (2nd person pl.)	[shomā]	شُما	/o/
Europe	[orupā]	اُروپا	
vodka	[vodkā]	وُدکا	
morning	[sobh]	صُبح	

Guide to Reading and Writing in Persian

breakfast	[sobhāneh]	صُبحانه	
face	[rokh]	رُخ	
clothes	[lebās]	لِباس	/e/
heart	[del]	دِل	
tonight	[emshab]	اِمشب	
party	[mehmāni]	مِهمانی	
white	[sefid]	سِفید	
white	[sepid]	سِپید	

Read the following words and pay attention to the beginning of the words. These examples are to show that Persian words cannot begin with a vowel. To produce a vowel sound like /ā/ or /i/ at the beginning of a word, there should be a consonant to carry the sound.

this	[in]	این
here	[inja]	اینجا
Iran	[irān]	ایران
festival, festivity	[eid (eyd)]	عید (عِید)
she/he	[u]	او
incense	[ud]	عود
there	[ānjā]	آنجا
organic	[āli]	آلی
excellent	[āli]	عالی

English equivalent	Name	Pronunciation	At the beginning of a word or syllable	In the middle of a word or syllable	At the end of a word or syllable	Stand alone
Hawa'i	alef	(glottal stop) '	آ، ا	ـا	ـا	آ، ا
boy	be	b	بـ	ـبـ	ـب	ب
pay	pe	p	پـ	ـپـ	ـپ	پ
toy	te	t	تـ	ـتـ	ـت	ت
sad	se	s	ثـ	ـثـ	ـث	ث
jar	jim	j	جـ	ـجـ	ـج	ج
chicken	che	ch	چـ	ـچـ	ـچ	چ
home	he	h	حـ	ـحـ	ـح	ح
n/a	khe	kh	خـ	ـخـ	ـخ	خ
dot	dal	d	د	ـد	ـد	د
zebra	zal	z	ذ	ـذ	ـذ	ذ
ray	re	r	ر	ـر	ـر	ر
zebra	ze	z	ز	ـز	ـز	ز
pleasure	zhe	zh	ژ	ـژ	ـژ	ژ
sad	sin	s	سـ	ـسـ	ـس	س
show	shin	sh	شـ	ـشـ	ـش	ش
sad	sad	s	صـ	ـصـ	ـص	ص
zebra	zad	z	ضـ	ـضـ	ـض	ض
toy	ta	t	طـ	ـطـ	ـط	ط
zebra	za	z	ظـ	ـظـ	ـظ	ظ
Hawa'i	eyn	(glottal stop) '	عـ	ـعـ	ـع	ع
n/a	gheyn	gh	غـ	ـغـ	ـغ	غ
fate	fe	f	فـ	ـفـ	ـف	ف

n/a	qaf	q	ق	ـﻖ	ـقـ	ﻗـ
kitchen	kaf	k	ک	ـک	ـکـ	ﮐـ
gas	gaf	g	گ	ـگ	ـگـ	ﮔـ
lid	lam	l	ل	ـل	ـلـ	ﻟـ
man	mim	m	م	ـم	ـمـ	ﻣـ
no	nun	n	ن	ـن	ـنـ	ﻧـ
u/ moon/ v/ vodka/ o/ home/ ow/ wow/	vav	u, v, o, ow	و	و	و	و
home	he	h	ه	ـه	ـهـ	ﻫـ
i/ keep/ y/ yoga/ ey/ make/	ye	i, y, ey	ی	ـی	ـیـ	ﯾـ

Additional signs:

1. ً (tanvin) produces the sound /n/. Tanvin is always placed above the letter "alef" at the end of a word.

completely	[kamelan]	کاملاً
certainly	[hatman]	حَتماً
precisely	[daqiqan]	دَقیقاً
usually	[ma'mulan]	معمولاً

2. ء (hamzeh) is another sign for a glottal stop /'/.

question	[soal]	سؤال
despair	[ya's]	یأس
agent	[ma'mur]	مأمور
responsible	[mas'ul]	مسئول

3. ّ (tashdid) is placed above a consonant to double its sound.

incidentally	[etefaqan]	اتّفاقاً
dancer	[raqqas]	رَقّاص
Mohammad	[mohammad]	مُحَمّد
unfortunately	[mote'assefaneh]	مُتأسِّفانه

An Additional Note:

In many cases when the letter و is preceded by خ and followed by ا or ی, it is not pronounced:

to want	[khāstan]	خواستن
sister	[khāhar]	خواهر
self; relative	[khish]	خویش

Guide to Reading and Writing in Persian

Handwriting:

In the following examples arrows are used to show the sequence and direction in which each word is written. Dots are placed usually after the whole word is written.

جاسوس	قهوه	آب
مدّت	مهاجرت	کوشش
تابعیت	ماست	شاهنشاه
ویسکی	تکامل	عادت
مخصوص	صبحانه	گیمیا
تیغ	شمردن	ظهر

Exercises

Exercise 1: Go over the names of Iranian cities listed below and find the following letters:

ا ب پ ت ث ج چ ح خ

Tehran	[Tehrān]	تهران
Rasht	[Rasht]	رشت
Khorramabad	[Khorramābād]	خرّم‌آباد
Ahvaz	[Ahvāz]	اهواز
Shiraz	[Shirāz]	شیراز
Isfahan	[Esfahān]	اصفهان
Mashhad	[Mashhad]	مشهد
Tabriz	[Tabriz]	تبریز
Abadan	[Ābādān]	آبادان
Semnan	[Semnān]	سمنان
Gorgan	[Gorgān]	گرگان
Babol	[Bābol]	بابل
Babolsar	[Bābolsar]	بابلسر
Kerman	[Kermān]	کرمان
Bandar Andazai	[Bandar Anzali]	بندر انزلی
Kashan	[Kāshān]	کاشان
Zahedan	[Zāhedān]	زاهدان
Kermanshah	[Kermānshāh]	کرمانشاه
Yazd	[Yazd]	یزد
Sanandaj	[Sanandaj]	سنندج
Orumieh	[Orumieh]	ارومیه

Guide to Reading and Writing in Persian

Exercise 2: Connect the letters

آ + ب _____

ب + ا + ب + ا _____

ت + ا + ب _____

خ + ا + ج _____

ت + ا + ج _____

Exercise 3: Write down the pronunciation of the following letters.

1. م _____   9. ذ _____   17. ش _____
2. گ _____   10. ض _____   18. ذ _____
3. ف _____   11. ق _____   19. ه _____
4. ط _____   12. ح _____   20. ض _____
5. ن _____   13. چ _____   21. ز _____
6. ل _____   14. ج _____   22. ع _____
7. چ _____   15. د _____   23. غ _____
8. ج _____   16. ج _____

Exercise 4: Connect the letters

1. آ + س + ت + ی + ن ______________________
2. م + و + ز + ه ______________________
3. گ + و + ش + ه ______________________
4. چ + ی + ن + ی ______________________
5. د + ی + ن + ا + م + ی + ت ______________________
6. چ + ا + ی ______________________
7. و + ی + س + ک + ی ______________________
8. ل + ا + ل + ه ______________________
9. د + ی + و ______________________

Exercise 5: Read the following text and find the different forms of the letters ن, ه, and س .

برای اولین بار در قارهٔ آمریکا تیم فوتبال پرسپولیس به همراه بازیکنان ملی‌پوش خود در کانادا مسابقات دوستانه زیر را برگزار می‌کند.

پرسپولیس با ونکور، دوم سپتامبر ۱۹۸۶

پرسپولیس با تورنتو، هفتم سپتامبر ۱۹۸۶

جهت تهیه بلیط به تیکت مستر یا فروشگاه‌های ایرانی مراجعه کنید.

Exercise 6: Read each word and write its transliteration.

1. شیک ________
2. فوت ________
3. لوکس ________
4. ماه ________
5. هال ________
6. دادگاه ________
7. هاله ________
8. آزاد ________
9. اوت ________
10. ویتامین ________
11. یونان ________
12. آلی ________
13. آسیا ________
14. عالی ________
15. هُتِل ________
16. زیبا ________
17. بَرف ________
18. قاشُق ________
19. مأمور ________
20. مُتِأسِّفانه ________

Exercise 7: Connect the letters

1. ت + ا ________
2. ش + ا + ه + ن + ا + م + ه ________
3. پ + د + ر ________
4. چ + ر + ا + غ ________
5. ن + م + و + ن + ه ________
6. ف + ر + و + ش + گ + ا + ه ________

7. م + ن + ظ + و + ر _____

8. ا + س + ت + ا + د _____

9. ث + ل + ث _____

10. م + ک + ا + ل + م + ه _____

Exercise 8: Connect the letters

1. م + ا _____

2. م + و _____

3. ت + و _____

4. ت + ا _____

5. ت + ا + ج _____

6. ج + ا + ز _____

7. م + ی + ز _____

8. ت + ی + ز _____

9. س + ا + ز _____

10. ج + ا + س + و + س _____

11. م + ا + س + ت _____

12. ل + ی + س + ت _____

13. ل + ی + م + و _____

14. ط + و + ل _____

15. ل + و + ک + س _____

Guide to Reading and Writing in Persian

16. ک + ا + ف + ی _____

17. ف + ی + ل _____

18. ک + ی + ف _____

19. ف + ی + ل + م _____

20. ک + ا + ف + ه _____

21. م + و + ز + ه _____

22. م + ا + ه _____

23. ک + و + ه _____

24. س + ی + ا + ه _____

Exercise 9: Read each word and then write its transliteration.

طاس _____

ماه _____

ویلا _____

عالی _____

کَباب _____

اُرکِستر _____

پاکِستان _____

تُرکیه _____

آمریکا _____

آژانس _____

گوشی _____

یونان _____

تیغ _____

هُتِل _____

اِمروز _____

اَفغانِستان _____

ژاپُن _____

ایران _____

Exercise 10: Read each word, repeat it, and then write it.

قانون	هوش	صوفی	ثانیه
شامپو	راضی	عالی	حاجی
ایران	آمریکا	طوفان	گاراژ
مأمور	قایِق	پَدیده	حَتماً

Guide to Reading and Writing in Persian

اَفغانِستان	بالکُن	مُجَدَّد	فَلسَفه

Exercise 11: Read each word, repeat it, and then write it.

بُز	میز	گُل	بیل
نان	خانه	باران	جارو
پارو	ماه	کُلاه	توپ
جیپ	ماشین	دَوات	کِبریت
فارسی	سینی	قوری	پَرچَم
بادام	قاشُق	قایِق	کیف
بَرف	اَبر		

ایران	آمریکا	ژاپُن	مِصر
اُردُن	ایتالیا	اِسپانیا	پاکِستان
عَرَبِستانِ سعودی	تاجیکِستان	اُزبَکِستان	اَفغانِستان
مُسَلمان	یَهودی	مَسیحی	زَرتُشتی
بانک	کافه	گیشه	افسر
کامپیوتر	فیزیک	شیمی	فَلسَفه
سانسور	شاه	پادشاه	تِنیس
پینگ پونگ	فوتبال	بَسکِتبال	والیبال

Guide to Reading and Writing in Persian

هاکی	بالکُن	تِراس	هال
شامپو	پالتو	کراوات	کُت
کالیفُرنیا	آلاباما	نِوادا	تگزاس
نیویورک	شیکاگو	لس آنجلس	آلبانی
تهران	اَهواز	شیراز	آبادان
اِصفهان	کرمان	قُم	کاشان
یَزد	مَشهَد	خُرَّم‌آباد	شوش

Lesson One

درس اول

[dars-e avval]

In this lesson you will learn how to:
Say hello and good-bye
Ask someone's name and say your name
Identify a person ("She is a student.")
Say where a person is from ("He is an Iranian.")

**In this lesson you will
learn the following grammar:**
Different levels of speech (formal vs. informal)
The verb بودن [budan] "to be"

Note: For each conversation in this lesson, first listen to the conversation at regular speed a few times. Then listen to the following slower version and repeat the phrases during the pauses provided. Finally, try reading the conversation.

1:3

Conversation 1.1

1:4

نَسرین: سَلام آقایِ کَریمی.

[Nasrin: salām āqāy-e Karimi.]

اُستاد: سَلام نَسرین. حالِ شُما چطوره؟

[ostād: salām Nasrin. hāl-e shomā chetoreh?]

نسرین: خوبَم. مِرسی. شُما چطورید؟

[Nasrin: khubam. mersi. shomā chetorid?]

اُستاد: بَد نیستَم. مِرسی.

[ostād: bad nistam. mersi.]

Conversation 1.1

Nasrin:	Hello, Mr. Karimi.
Professor:	Hello, Nasrin, how are you?
Nasrin:	I am well, thank you. How are you?
Professor:	I am not bad. Thank you.

1:5

Conversation 1.2

1:6

Robert is an American student who is studying Persian literature at the same university. He meets Ms. Rezai, one of his professors.

رابِرت: سَلام خانُم.

[Rābert: salām khānom.]

اُستاد: سَلام رابِرت، حالِ شُما چطوره؟

[ostād: salām Robert. hāl-e shomā chetoreh?]

رابِرت: بَد نیستَم، مِرسی. شُما چِطورید؟

[Rābert: bad nistam. mersi. shomā chetorid?]

اُستاد: خوبَم. مِرسی.

[ostād: khubam. mersi.]

Conversation 1.2

Robert:	Hello, Madam.
Professor:	Hello, Robert, how are you?
Robert:	I am not bad, thank you. How are you?
Professor:	I am well, thank you.

1:7
Conversation 1.3
1:8
Robert has to leave.

رابرت: بِبَخشید، مَن بایَد بِرَم. *

[Rābert: bebakhshid, man bāyad beram.]

اُستاد: خُداحافظ رابرت.

[ostād: khodāhāfez Rābert.]

رابرت: خُداحافظ خانم.

[Rābert: khodāhāfez khānom.]

* In the sentence من باید برم. the words باید and برم are both verbs. In English, the second verb is in infinitive but in Persian, the second verb is conjugated in subjunctive mood. We will study this mood in chapter 10.

Conversation 1.3

Robert: Excuse me, I should leave.
Professor: Good-bye, Robert.
Robert: Good-bye, Madam.

1:9
Conversation 1.4
1:10

نسرین: سلام رابرت.
[Nasrin: salām Rābert.]

رابرت: سلام نسرین. چطوری؟
[Rābert: salām Nasrin. chetori?]

نسرین: بد نیستم. تو چطوری؟
[Nasrin: bad nistam. to chetori?]

رابرت: خوبم، مرسی.
[Rābert: khubam, mersi.]

Conversation 1.4

Nasrin: Hello, Robert.
Robert: Hello, Nasrin. How are you?
Nasrin: I am not bad. How are you?
Robert: I am well. Thank you.

1:11
Conversation 1.5
1:12
Nasrin has to leave.

نسرین: من باید برم.
[Nasrin: man bāyad beram.]

رابرت: خداحافظ.
[Rābert: khodāhāfez]

نسرین: خداحافظ.
[Nasrin: khodāhāfez]

Conversation 1.5

Nasrin: I should go.
Robert: Good-bye.
Nasrin: Good-bye.

1:13
Conversation 1.6
1:14

First day of class. Professor comes to the class. He has a list. He introduces himself and then asks the students' names.

استاد: سلام.
[ostād: salām.]

دانشجویان: سلام.
[dāneshjuyān: salām.]

استاد: اسم من کَریمیه.
[ostād: esm-e man karimiy-eh.]

استاد: اسم شما چیه؟
[ostād: esm-e shomā chiy-eh?]

رابرت: اسم من رابرت اسمیته.
[Rābert: esm-e man Rabert Esmit-eh.]

استاد: و شما؟
[ostād: va shomā?]

شَهین: من شهین سَرداری‌ام.
[Shahin: man Shahin-e Sardāriyam.]

استاد: نسرین کُجاست؟
[ostād: Nasrin kojāst?]

Conversation 1.6

Professor:	Hello.
Students:	Hello.
Professor:	My name is Karimi.
Professor:	What is your name?
Robert:	My name is Robert Smith.
Professor:	And you?
Shahin:	I am Shahin Sardari.
Professor:	Where is Nasrin?

1:15
Conversation 1.7
1:16
At a party, Nasrin and Alex meet each other for the first time.

نسرین: شما دانشجو هستین؟
[Nasrin: shomā dāneshju hastin?]

اَلکس: نه، من دُکتُرَم.
[Alex: nah, man doktoram.]

نسرین: اِسم مَن نسرینه. اسم شما چیه؟
[Nasrin: esm-e man Nasrineh. esm-e shomā chiy-eh?]

الکس: اسم من الکسه.
[Alex: esm-e man Alexeh.]

نسرین: شما کجایی هستین؟
[Nasrin: shomā kojāyi hastin?]

الکس: من آمریکاییَم. شما چطور؟
[Alex: man āmrikāyiam. shomā chetor?]

نسرین: من ایرانیَم.
[Nasrin: man irāniyam.]

Conversation 1.7

Nasrin:	Are you a student?
Alex:	No, I am a doctor.
Nasrin:	My name is Nasrin. What is your name?
Alex:	My name is Alex.
Nasrin:	Where are you from?
Alex:	I am American. How about you?
Nasrin:	I am Iranian.

Lesson One 41

"Bookish" versions of the conversations

Note: As mentioned previously, some of the words in colloquial Persian are slightly different from their "bookish" version. Colloquial Persian is used in conversations. In each lesson, after the conversations I have given the bookish versions of the conversations in that lesson.

Conversation 1.1

نَسرِین: سَلام آقایِ کَریمی.
اُستاد: سَلام نَسرین. حالِ شُما چطور است؟
نِسرین: خوبَم. مِرسی. شُماَ چِطوریَد؟
اُستاد: بَد نیستَم. مِرسی

Conversation 1.2

رابِرت: سَلام خانُم.
اُستاد: سَلام رابِرت، حالِ شُما چطور است؟
رابِرت: بَد نیستَم، مِرسی. شُما چِطورید؟
اُستاد: خوبَم مِرسی.

Conversation 1.3

رابرت: بِبَخشید، مَن بایَد بِرَوَم.
اُستاد: خُداحافظ رابرت.
رابرت: خُداحافِظ خانم.

Conversation 1.5

نسرین: من باید بروم.
رابرت: خداحافظ.
نسرین: خداحافظ.

Conversation 1.6

استاد: سلام.
دانِشجویان: سلام.

استاد: اِسمِ من کَریمی است.

. . .

استاد: اسم شما چی است (چیست)؟

رابرت: اسم من رابرت اسمیت است.

استاد: و شما؟

شَهین: من شهین سَرداری‌ام.

. . .

استاد: نسرین کُجاست؟

Conversation 1.7

نسرین: شما دانشجو هستید؟

اَلکس: نه، من دُکتُرَم.

نسرین: اسمِ مَن نسرین است. اسم شما چی است؟

الکس: اَسمَ من الکس است.

نسرین: شما کجایی هستید؟

الکس: من آمریکاییَم. شما چطور؟

نسرین: من ایرانیَم.

Grammar

1. بودن [budan] to be

The verb بودن has two sets of conjugations, short and long forms. In the following section, the long forms are placed in parentheses.

من دکترم. (دکترهستم.) I am a doctor.
[man doktoram (doktor hastam)]

تو دکتری. (دکتر هستی.) You are a doctor.
[to doktori (doktor hasti)]

او دکتر است She/He is a doctor.
[u doktor ast]

ما دکتریم. (دکتر هستیم.) We are doctors.
[mā doktorim (doktor hastim)]

شما دکترید. (دکتر هستید.) You are doctors.
[shomā doktorid / (doktor hastid)]

آنها دکترند. (دکتر هستند.) They are doctors.
[ānhā doktorand / (doktor hastand)]

As in many languages, in Persian there is a difference between colloquial and standard written (bookish) Persian. This means that some words have a colloquial version which is slightly different from their bookish version. For example, in speaking, you can use اونها instead of آنها, or دکتره instead of دکتر است. In writing, however, only bookish forms are used. In all conversations in this chapter you see many examples of the use of colloquial. Here is the conjugation of the verb بودن with colloquial options.

شما دکترین.(coll.) [shomā doktorin]	شما دکترید.		من دکترم. من دکتر هستم.
شما دکتر هستین.(coll.) [shomā doktor hastin]	شما دکتر هستید.		تو دکتری. تو دکتر هستی.
اونها دکترن.(coll.) [unhā doktoran]	آنها دکترند.	او دکتره.(coll.) [u doktoreh]	او دکتر است.
اونها دکتر هستن.(coll.) [unhā doctor hastan]	آنها دکتر هستند.		ما دکتریم. ما دکتر هستیم.

2. Personal Pronouns

we [mā] ما	I [man] من
you (*2nd person pl.*) [shomā] شما	you (*2nd person sg.*) [to] تو
they** [ānhā / ishān] آنها / ایشان	s/he* [u] او

* The third person singular pronoun او is used for people. For objects and animals آن that is used.
** The difference between the two forms of the third person plural is ایشان is used only in very formal settings. ایشان could also be used as third person singular to show politeness and respect. Also, while ایشان is used only for people, آنها could be used for people, animals, and objects.

3. Word order in sentences

A sentence contains a subject and a verb. It may also contain a complement. In English the subject is followed by the verb and then the complement. In Persian, the verb is placed at the end of the sentence. So we have subject, compliment, and then the verb. For example, in the sentence ما دکتر هستیم [mā doktor hastim] *we are doctors* the word ما

means *we*, the word دکتر means *doctor*, and هستیم means *are*.

4. Omission of Subject Pronoun

In Persian, the subject pronoun is often omitted. For example, in the sentence خوبم [khubam] *I am well*, the pronoun من [man] *I* has been omitted.

5. Informal versus Formal / تو versus شما

When you meet someone for the first time or in formal settings you should use شما [shomā] *you (2nd pers. pl.)* instead of تو [to] *you (2nd pers. sing.)* as a sign of respect. For example, when you are referring to your professor you say: شما استادِ من هستید. [shomā ostād-e man hastid] *you are my professor*. If the person is not present you should use ایشان [ishān] *they*, instead, as in ایشان استاد من هستند. [ishān ostād-e man hastand.] *She/He is my professor*. Note that the verbs are conjugated according to the pronouns.

6. Adjectives to Describe Nationality

In order to make adjectives describing nationality, an ی *i* is added to the name of the country. For example, ایران [irān] *Iran* becomes ایرانی [irāni] *Iranian*, or ژاپن [jāpon] *Japan* becomes ژاپنی [jāponi] *Japanese*. In cases where the name of the country is ended in a long vowel usually instead of one ی two یs are added. For example, آمریکا [āmrikā] *America* becomes آمریکایی [āmrikāyi] *American* and ایتالیا [itāliyā] *Italy* becomes ایتالیایی [itāliyāyi] *Italian*.

1: 17

Vocabulary List [vāzheh nāmeh] واژه‌نامه

English	Persian
Mr., Sir	آقا [āqā]
America	آمریکا [āmrikā]
American	آمریکایی [āmrikāyi]
Professor	استاد [ostād]
name	اسم [esm]
... am ([I] am a doctor)	... .اَم، هستم (دکترم، دکتر هستم) [... am, hastam (doktoram, doctor hastam)]
... are ([they] are doctors)	....اَند، هستند (دکترند، دکتر هستند) [... and, hastand (doktorand, doctor hastand)]
she, he	او [u]
first	اوّل [avval]
... is ([s/he] is a doctor)	....ِه، است (دکتره، دکتر است) [... eh, ast (doktoreh, doctor ast)]
... ARE ([WE] ARE DOCTORS)	....ایم، هستیم (دکتریم، دکتر هستیم) [... im, hastim (doktorim, doctor hastim)
... are ([you, 2nd pl.] are doctors)	...اید، هستید (دکترید، دکتر هستید) [...id, hastid (doctorid, doctor hastid)
... are ([you, 2nd sing.] are a doctor)	....ای، هستی (دکتری، دکتر هستی) [...i, hasti (doktori, doctor hasti)]
Iran	ایران [irān]
Iranian	ایرانی [irāni]
must, should	باید [bāyad]
excuse (me)	ببخشید [bebakhshid]
bad	بد [bad]
go (1st pers. sing. subjunctive)	برم، بروم [beram, beravam]
you (2nd pers. sing.)	تو [to]
how	چطور [chetor]
how are you?	چطوری؟ [chetori?]
what	چی [chi]

Lesson One

حال	[hāl]	condition, health
حال شما چطوره؟		how are you?
	[hāl-e shomā chetoreh?]	
خانم	[khānom]	Madam
خداحافظ	[khodāhāfez]	good-bye
خوب	[khub]	good
دانشجو	[dāneshju]	student (university)
درس	[dars]	lesson
دکتر	[doctor]	doctor
...ست، است (کجاست؟)		... is (where is?)
	[...st, ast (kojast?)]	
سلام	[salām]	hello
شما	[shomā]	you (2nd pers. pl.)
کجا	[kojā]	where
کجایی	[kojāyi]	from where
کجایی هستی؟	[kojāyi hasti?]	where are [you] from?
مرسی	[mersi]	thanks
نه	[nah]	no
نیستم	[nistam]	[I] am not
و	[va]	and

Exercises

Exercise 1.1. Connect the following letters.

1. د + ا + ن + ش + ج + و ____________________

2. ا + س + ت + ا + د ____________________

3. م + ن ____________________

4. چ + ط + و + ر ____________________

5. د + ک + ت + ر ____________________

6. ا + س + م ____________________

Exercise 1.2. Connect the following letters.

1. ا + ی + ر + ا + ن + ی ____________________

2. آ + م + ر + ی + ک + ا + ی + ی ____________________

3. م + ص + ر + ی ____________________

4. ژ + ا + پ + ن + ی ____________________

5. پ + ا + ک + س + ت + ا + ن + ی ____________________

Lesson One

1:18

Exercise 1.3. Listening comprehension

Amir and Shahin meet each other for the first time at a party. They start a conversation to get acquainted. Listen to their conversation and then choose the correct answers to the following questions.

1. What is the first question that Amir asks?

a) Are you student?
b) What is your name?
c) How are you?

2. Where is Amir from?
a) He is Iranian.
b) He is American.
c) None of the above.

3. What is their occupation?
a) Shahin is a student and Amir is a doctor.
b) Both of them are doctors.
c) Both of them are students.

If you have difficulty understanding some of the words read the text below.

Text of exercise 1.3:

امیر: سلام، حال شما چطوره؟

[Amir: salām, hāl-e shomā chetoreh?]

شهین: خوبم، مرسی. شما چطورید؟

[Shahin: khubam, mersi. shomā chetorid?]

امیر: بد نیستم.
[Amir: bad nistam.]

شهین: اسم من شهینه.
[Shahin: esm-e man Shahineh.]

امیر: اسم من امیره.
[Amir: esm-e man Amireh.]

شهین: شما ایرانی هستین؟
[Shahin: shomā irāni hastin?]

امیر: بله، شما چطور؟*
[Amir: baleh, shomā chetor?]

شهین: من هم ایرانیم.
[Shahin: man ham irāniyam.]

امیر: شما دانشجو هستین؟
[Amir: shomā dāneshju hastin?]

شهین: بله، شما چطور؟
[Shahin: baleh, shomā chetor?]

امیر: من هم دانشجوام.
[Amir: man ham dāneshjuam.]

* The phrase شما چطور [shomā chetor] is an idiomatic expression which means *how about you?*

Exercise 1.4. Complete the conversation by writing the missing verbs.

امیر: سلام، حال شما چطور _____?

شهین: خوبم، مرسی. شما چطور _____?

Lesson One

امیر: بد _____ .

شهین: اسم من شهین _____ .

امیر: اسم من امیر _____ .

شهین: شما ایرانی _____ ؟

امیر: بله، شما چطور؟ _____

شهین: من هم ایرانیم. _____

امیر: شما دانشجو _____ ؟

شهین: بله، شما چطور _____ ؟

امیر: من هم دانشجو _____ .

Exercise 1.5. Use the appropriate pronoun to complete the following sentences.

1. _____ دکتر هستم.
2. _____ ایرانی هستند.
3. _____ آمریکایی هستیم.
4. _____ کجایی هستید؟
5. _____ کجایی هستی؟

Exercise 1.6. Complete the following sentences by adding the appropriate conjugated form of the verb بودن [budan] *to be*.

1. امیر و نسرین دانشجو _____ .
2. ما ایرانی _____ .
3. شما استاد _____ ؟
4. آقای کریمی استاد _____ .
5. الکس کجایی _____ ؟
6. حال شما چطور _____ ؟
7. تو چطور _____ ؟

Lesson Two

درس دوم

[dars-e dovvom]

In this lesson you will learn how to:
Identify objects
Talk about your courses at university

In this lesson you will learn the following grammar:
Possession
Plural
Demonstrative adjectives
The verb داشتن [dāshtan] "to have"

Note: For each conversation in this lesson, first listen to the conversation at regular speed a few times. Then listen to the following slower version and repeat the phrases during the pauses provided. Finally, try reading the conversation.

1:19

Conversation 2.1

1:20

پرویز: مامان این چیه؟ [Parviz: māmān in chiyeh?]
مادر: این کتابه. [mādar: in ketābeh]
پرویز: این هم کتابه؟ [Parviz: in ham ketābeh?]
مادر: نه، این دفتره. [mādar: nah, in daftareh]
پرویز: این صندلیه یا میزه؟ [Parviz: in sandaliyeh ya mizeh?]
مادر: این میزه. [mādar: in mizeh]
پرویز: اون چیه؟ [Parviz: un chiyeh?]
مادر: اون ساعته. [mādar: un sā'ateh]
پرویز: اون ساعت مالِ منه؟ [Parviz: un sā'at mal-e maneh?]
مادر: نه، اون ساعتَ مال باباست. [mādar: nah, un sā'at māl-e bābāst]
پرویز: این مداد هم مال بَاباست؟ [Parviz: in medād ham māl-e bābast?]
مادر: نه، مالِ منه. [mādar: nah, māl-e maneh]

Conversation 2.1

Parviz: Mom, what is this?
Mother: This is a book.
Parviz: Is this also a book?
Mother: No, this is a notebook.
Parviz: Is this a chair or a table?
Mother: This is a table.
Parviz: What is that?
Mother: That is a watch.
Parviz: Does that watch belong to me?
Mother: No, that is dad's watch.
Parviz: Does this pencil belong to dad also?
Mother: No, it is mine.

1:21
Conversation 2.2
1:22
Nasrin, Robert, and Alex are talking about their classes.

نسرین: تو این ترم چند تا* کلاس داری؟
[Nasrin: to in term chand tā kelās dāri?]

رابرت: پنج تا.
[Rābert: panj tā]

نسرین: چی؟
[Nasrin: chi?]

رابرت: فیزیک، شیمی، تاریخ، جغرافی و فارسی. تو چی؟
[Rābert: fizik, shimi, tarikh, joghrāfi va farsi. to chi?]

نسرین: من فقط چهار تا کلاس دارم: فارسی، فلسفه، اقتصاد و ادبیات انگلیسی.
[Nasrin: man faqat chāhār tā kelās dāram: fārsi, falsafeh, eqtesād va adabiyāt-e engelisi.]

Alex arrives and joins the conversation.

رابرت: نسرین چهار تا کلاس داره، من پنج تا. تو چند تا کلاس داری؟
[Rābert: Nasrin chāhār tā kelās dāreh. man panj tā. to chand tā kelās dāri?]

الکس: من این ترم فقط سه تا کلاس دارم.
[Alex: man in term faqat se tā kelās dāram.]

رابرت: فقط سه تا؟
[Rābert: faqat se tā?]

الکس: آره. چون کار می‌کنم.
[Alex: āreh, chon kār mikonam.]

نسرین: چه کلاس‌هایی داری؟
[Nasrin: cheh kelāshā-yi dāri?]

الکس: روانشناسی، جامعه شناسی و مردم شناسی.
[Alex: ravānshenāsi, jāme'ehshenāsi va mardomshenāsi.]

---

* تا [tā] is a counting unit, as in دو تا خانه [do tā khāneh] two houses, or پنج تا دوست [panj tā dust] five friends. تا is not used before یک [yek] one.

Conversation 2.2

Nasrin: How many classes do you have this semester?
Robert: Five.
Nasrin: What?
Robert: Physics, chemistry, history, geography, and Persian, how about you?
Nasrin: I have only four classes: Persian, philosophy, economics, and English literature.
    Alex arrives and joins the conversation.
Robert: Nasrin has four classes, I have five. How many classes do you have?
Alex: This semester I have only three classes.
Robert: Only three?
Alex: Yes, because I am working.
Nasrin: What classes do you have?
Alex: Psychology, sociology, and anthropology.

"Bookish" versions of the conversations
Conversation 2.1

پرویز: مامان این چی است؟
مادر: این کتاب است.
پرویز: این هم کتاب است؟
مادر: نه، این دفتر است.
پرویز: این صندلی است یا میز است؟
مادر: این میز است.
پرویز: آن چی است؟
مادر: آن ساعت است.
پرویز: آن ساعت مالِ من است؟
مادر: نه، آن ساعتِ مالِ باباست.
پرویز: این مداد هم مالِ باباست؟
مادر: نه، مال من است.

Conversation 2.2

نسرین: تو این ترم چند تا کلاس داری؟
رابرت: پنج تا.
نسرین: چی؟
رابرت: فیزیک، شیمی، تاریخ، جغرافی و فارسی. تو چی؟
نسرین: من فقط چهار تا کلاس دارم. فارسی، فلسفه، اقتصاد و ادبیات انگلیسی.
Alex arrives and joins the conversation.
رابرت: نسرین چهار تا کلاس دارد، من پنج تا. تو چند تا کلاس داری؟
الکس: من این ترم فقط سه تا کلاس دارم.
رابرت: فقط سه تا؟
الکس: آره. چون کار می‌کنم.
نسرین: چه کلاس‌هایی داری؟
الکس: روانشناسی، جامعه شناسی و مردم شناسی.

Grammar

1. Expressing Possession

In the sentence اون ساعت مالِ منه the word مال means "property" and the phrase مالِ من means "belonging to me."

belonging to me/mine	مالِ من [māl-e man]
belonging to you/yours	مالِ تو [māl-e to]
belonging to her/him/his, hers	مالِ او [māl-e u]
belonging to us/ours	مالِ ما [māl-e mā]
belonging to you/yours	مالِ شما [māl-e shomā]
belonging to them/theirs	مالِ آنها [māl-e ānhā]
belonging to Mr. Karimi	مالِ آقای کریمی [māl-e āqāy-e Karimi]
belonging to Nasrin	مالِ نسرین [māl-e Nasrin]
belonging to whom?	مالِ کی؟ [māl-e ki?]

2. Demonstrative Adjectives

The demonstrative adjectives این (this) and آن (that) always precede the nouns they modify. When used as adjectives, they are always singular.

this pencil	این مداد [in medād]
that notebook	آن دفتر [an daftar]
these teachers	این معلم‌ها [in mo'allem-hā]
those boys/sons	آن پسرها [an pesar-hā]

Lesson Two 59

3. The Verb داشتن [dāshtan] "to have"

داشتن (to have)

Plural	Singular
we have ما داریم [mā darim]	I have من دارم [man dāram]
you have شما دارید [shomā dārid]	you have تو داری [to dāri]
they have آنها دارند [ānhā dārand]	he/she has او دارد [u dārad]

4. Plural جمع [jam']

The two main plural markers in Persian are: ها and ان . ها may be added to all nouns while ان is used mainly for animated beings.

plural ['jam] جمع	singular [mofrad] مفرد
classes [kelās-hā] کلاس‌ها	class [kelās] کلاس
tables [miz-hā] میزها	table [miz] میز
دانشجوها / دانشجویان (*) students [dāneshju-hā / dāneshjuyān]	(university) student [dāneshju] دانشجو
women, wives [zan-hā / zanān] زن‌ها / زنان	woman; wife [zan] زن

* In colloquial Persian ها is used almost exclusively. ان is used mostly in formal and bookish contexts.

* When a word ends in و or ا, a ی is placed before the plural sign ان to facilitate the pronunciation.

1:23
Vocabulary List   واژه‌نامه [vāzheh nāmeh]

yes	آره [āreh]
literature; English literature	ادبیات / ادبیات انگلیسی
	[adabiyāt/adabiyāt-e englisi]
economy	اقتصاد [eqtesād]
that	اون / آن [un / ān]
this	این [in]
dad	بابا [bābā]
big	بزرگ [bozorg]
boy; son	پسر [pesar]
five	پنج [panj]
window	پنجره [panjareh]
money	پول [pul]
history	تاریخ [tārikh]
semester	ترم [term]
sociology	جامعه شناسی [jāme'ehshenāsi]
geography	جغرافی [joghrāfi]
how many	چند / چند تا [chand / chand tā]
because	چون [chon]
four	چهار [chāhār]
house	خانه [khāneh]
very	خیلی [kheyli]
(university) student	دانشجو [dāneshju]
girl; daughter	دختر [dokhtar]
notebook	دفتر [daftar]
wall	دیوار [divār]
psychology	روانشناسی [ravānshenāsi]
woman; wife	زن [zan]
watch; hour	ساعت [sā'at]
dog	سگ [sag]
chemistry	شیمی [shimi]

chair	[sandali] صندلی
Persian	[fārsi] فارسی
only	[faqat] فقط
philosophy	[falsafeh] فلسفه
physics	[fizik] فیزیک
I work	[kār mikonam] کار می‌کنم
book	[ketāb] کتاب
library	کتابخونه / کتابخانه [ketābkhuneh/ketābkhāneh]
cat	[gorbeh] گربه
belonging; belonging to me	[māl/māl-e man] مال / مالِ من
mom	[māmān] مامان
pencil	[medād] مداد
man	[mard] مرد
anthropology	[mardomshenāsi] مردم‌شناسی
teacher	[mo'allem] معلم
table	[miz] میز
no	[nah] نه
eight	[hasht] هشت
also	[ham] هم

Exercises

Exercise 2.1. Answer the following questions:

این چیه؟ (What is this?)	این چیه؟	این چیه؟
_____ مداد _____.	_____ کیف _____.	_____ خانه* _____.
This is [a] pencil.	This is [a] bag.	This is [a] house.

* Note that since the word خانه [khaneh] house ends in a mute h (pronounced e), it is more common to use the bookish form of the verb to be, است [ast] is simply because it is easier to pronounce.

Exercise 2.2. Complete the following conversation:

پرویز: مامان این چی __________؟
مادر: این کتاب __________.
پرویز: این هم کتابه؟ __________
مادر: نه، این دفتر __________.
پرویز: این صندلی __________ یا میزه؟
مادر: این میزه.
پرویز: اون چیه؟
مادر: اون ساعته.
پرویز: اون ساعت مالِ من __________؟
مادر: نه، اون ساعت مالِ بابا __________.
پرویز: این مداد هم مال بابا __________؟
مادر: نه، مالِ منه.

Exercise 2.3. Give the plural of each of the following words:

پنجره window [panjareh] __________	کتاب book [ketāb] __________
میز table [miz] __________	خانه house [khāneh] __________
دفتر notebook [daftar] __________	پسر boy [pesar] __________

__________ dog [sag] سگ __________ cat [gorbeh] گربه

__________ wall [divār] دیوار __________ chair [sandali] صندلی

Exercise 2.4. In each column of words circle the one which does not belong.

مداد	کتاب	روان‌شناسی
دفتر	میزها	کلاس
صندلی	دفترها	فلسفه

Exercise 2.5. Complete the following sentences with the verb داشتن.

1. شهین، تو چقدر پول __________ ؟
[Shahin, to cheqadr (how much) pul …?]
- من پنج دلار __________ .
[man panj dolar (dollar) …]

2. پدر و مادر تو در آستین خانه __________؟
[pedar va mādar-e to (your father and mother) dar āstin (Austin) khāneh …?]
- بله. یک خانهٔ بزرگ __________.
[baleh (yes), yek khāneh-ye bozorg (big) …]

3. کی کلاس فارسی __________ ؟
[ki (who) kelās-e fārsi …?]
- من و رابرت کلاس فارسی __________.
[man va Rābert kelās-e fārsi …]

Exercise 2.6. Complete the following conversation:

نسرین: تو این ترم چند تا کلاس __________ ؟

رابرت: پنج تا.
نسرین: چی؟
رابرت: فیزیک، شیمی، تاریخ، جغرافی و فارسی. تو چی؟
نسرین: من فقط چهار تا کلاس ــــــــــــــــــــ فارسی، فلسفه، اقتصاد و ادبیات انگلیسی.

Alex arrives and joins the conversation.

رابرت: نسرین چهار تا کلاس ــــــــــــــــــــ ، من پنج تا. تو چند تا کلاس ــــــــــــــــــــ ؟
الکس: من این ترم فقط سه تا کلاس ــــــــــــــــــــ .
رابرت: فقط سه تا؟
الکس: آره. چون کار می‌کنم.
نسرین: چه کلاس‌هایی ــــــــــــــــــــ ؟
الکس: روانشناسی، جامعه شناسی و مردم شناسی.

1:24

Exercise 2.7. Listening comprehension

Shahin and Alex are talking about their classes. Listen to the conversation and choose the correct answers to the following questions.

1. Where is Shahin going?
a) To the library.
b) Home.
c) To class.

2. How many courses does Alex have?
a) Three.
b) Five.
c) Four.

3. Why does Alex have only three classes?
a) Because he is lazy!
b) Because he is working.
c) Because his courses are difficult.

Lesson Two 65

If you have difficulty understanding some of the words read the conversation below.

Text of exercise 2.7:

شهین: سلام الکس.
[Shahin: salām Alex.]

الکس: سلام شهین. چطوری؟
[Alex: salām Shahin, chetori?]

شهین: بد نیستم.
[Shahin: bad nistam.]

الکس: کجا میری؟
[Alex: kojā miri?]

شهین: کتابخونه.
[Shahin: ketābkhuneh.]

الکس: ساعت هشت شب؟
[Alex: sā'at-e hasht-e shab?]

شهین: آره. خیلی درس دارم.
[Shahin: āreh. kheyli dars dāram.]

الکس: این ترم چند تا کلاس داری؟
[Alex: in term chand tā kelās dāri?]

شهین: پنج تا.
[Shahin: panj tā.]

الکس: چی؟
[Alex: chi?]

شهین: فیزیک، شیمی، تاریخ، جغرافی و ادبیات فارسی. تو چند تا کلاس داری؟
[Shahin: fizik, shimi, tārikh, joghrāfi va adabiyāt-e fārsi. to chand tā kelās dāri?]

الکس: سه تا.
[Alex: se tā]

شهین: فقط سه تا؟
[Shahin: faqat se tā?]

الکس: آره. چون این ترم کار می‌کنم.
[Alex: āreh, chon in term kār mikonam]

Exercise 2.8. Translate the following sentences:

1. This book is mine.

2. That pencil is mine too.

3. Those books belong to Ms. Mortezai.

Lesson Three

درس سوم

[dars-e sevvom]

In this lesson you will learn how to:
Talk about your classes
Talk about your classmates
Describe people

In this lesson you will learn the following grammar:
Adjectives
The *Ezafeh* construction
The verbs *to know (something)* and *to know (someone)*
Present tense / affirmative and negative

Note: For each conversation in this lesson, first listen to the conversation at regular speed a few times. Then listen to the following slower version and repeat the phrases during the pauses provided. Finally, try reading the conversation.

1: 25

Conversation 3.1

1: 26

Robert, Alex, and Nasrin are continuing to talk about their classes.

نسرین: کلاس‌های تو سخت‌اند؟

[Nasrin: kelās-hā-ye to sakhtand?]

الکس: نه خیلی. فقط کلاس روان‌شناسی کمی سخته.

[Alex: na kheyli. Faqat kelās-e ravānshenāsi kami sakhteh.]

نسرین: ولی کلاس‌های من خیلی سخت‌اند، بخصوص فارسی.

[Nasrin: vali kelās-hā-ye man kheyli sakhtand, bekhosus fārsi.]

رابرت: ولی به نظر من فارسی مشکل نیست.

[Rābert: vali beh nazar-e man fārsi moshkel nist.]

الکس: من هم همینطور فکر می‌کنم. فارسی آسونه.

[Alex: man ham hamintor fekr mikonam. Fārsi āsuneh.]

رابرت: برای من شیمی خیلی سخته.

[Rābert: barāy-e man shimi kheyli sakhteh.]

Conversation 3.1

Nasrin:	Are your classes difficult?
Alex:	Not really, only the psychology class is a bit difficult.
Nasrin:	But my classes are very difficult, especially Persian.
Robert:	But in my opinion Persian is not difficult.
Alex:	I think so too; Persian is easy.
Robert:	For me chemistry is difficult.

1:27
Conversation 3.2
1:28
Amir and Zhāleh are in the cafeteria. Zhāleh is pointing in the direction of Alex and asks:

ژاله: تو اونو می‌شناسی؟

Zhāleh: to uno mishnasi?

امیر: آره. اسمش الکسه. خیلی پسر مهربونیه. خیلی هم جدی و پرکاره.

Amir: āreh. Esmesh alekseh. Kheyli pesar-e mehrabuni-e. kheyli ham jeddi-o porkāreh

ژاله: اون که کنارش نشسته کیه؟

Zhāleh: un keh kenāresh neshasteh ki-e?

امیر: شهینه. خیلی دختر خوبیه. خیلی هم باهوش و دوست‌داشتنیه.

Amir: shahineh, kheyli dokhtar-e khubi-e. kheyli ham bāhush-o dustdāshtani-e.

ژاله: الکس کجاییه؟

Zhāleh: Alex kojai-ye?

امیر: نمی‌دونم.

Amir: nemidunam.

Conversation 3.2

Zhāleh: Do you know him?

Amir: Yes, his name is Alex. He is a very kind boy. He is also very serious and hardworking.

Zhāleh: Who is the one sitting next to him?

Amir: She is Shahin. She is a very good girl. She is also very intelligent and likeable.

Zhāleh: Where is Alex from?

Amir: I don't know.

"Bookish" versions of the conversations

Conversation 3.1

نسرین: کلاس‌های تو سخت‌اند؟

الکس: نه خیلی. فقط کلاس روان‌شناسی کمی سخت است.

نسرین: ولی کلاس‌های من خیلی سخت‌اند، بخصوص فارسی.

رابرت: ولی به نظر من فارسی مشکل نیست.

الکس: من هم همینطور فکر می‌کنم. فارسی آسانِ است.

رابرت: برای من شیمی خیلی سخت است.

Conversation 3.2

ژاله: تو او را* می‌شناسی؟

امیر: آره. اسمش الکس است. خیلی پسر مهربانی است. خیلی هم جدی و پرکار است.

ژاله: او که کنارش نشسته کی است (کیست)؟

امیر: شهین است. خیلی دختر خوبی است. خیلی هم باهوش و دوست‌داشتنی است.

ژاله: الکس کجایی است؟

امیر: نمی‌دانم.

* را is the marker for the specific direct object.

Grammar

1. The Ezafeh اضافه [ezafeh]

In the phrase *interesting class* کلاسِ جالب [kelās-e jāleb] the unstressed [e] (called *kasre-ye ezafeh*) is added to the word کلاس *class* to link the noun and the following adjective جالب *interesting*. The *ezafeh* is also used to link two nouns or a noun and a pronoun and to indicate possession. Note that the unstressed [e] is a short vowel that is usually omitted in writing. You should know from the context whether it is there.

کتابِ علی [ketāb-e ali]	Ali's book
کتابِ من [ketāb-e man]	my book

* In English there is nothing that would exactly correspond to *ezafeh*; but the closest thing is the preposition *of*, as in "book *of* mine".

2. Adjectives صفت [sefat]

Adjectives are words that modify nouns, such as the word *beautiful* in the phrase *beautiful flower*. But unlike in English, in Persian adjectives usually follow the nouns they modify.

good book	[ketāb-e khub]کتابِ خوب
red apple	[sib-e sorkh] سیبِ سرخ
bad movie	[film-e bad]فیلمِ بد

If the last letter of a word is a mute [h], we use a ء *hamzeh* instead of *kasre-ye ezafeh* (the unstressed [e]):

my house	[khāne-ye man] خانهٔ من
Metropolitan Museum	[muze-ye metropolitan)] موزهٔ مِتروپولیتَن

If the letter is a vowel, we use ی *ye*:

Ali's books	[ketābhā-ye ali] کتاب‌هایِ علی

1:29

Below are some other adjectives that can be useful to describe people. Listen to them and then repeat.

pretty	[khoshgel]خوشگل
beautiful	[qashang]قشنگ
beautiful	[zibā]زیبا
ugly	[zesht]زشت
sociable	[ejtemā'i]اجتماعی
impolite	[bi-tarbiyat]بی‌تربیت
unhappy	[nārāhat]ناراحت
tired	[khasteh]خسته
happy	[khoshhāl]خوشحال
old	[pir]پیر
young	[javān]جوان

Lesson Three 73

3. The Verbs دانستن [dānestan] and شناختن [shenākhtan]
to know

In Persian, there are two verbs meaning *to know.*

[dānestan]**دانستن**

to know (a fact)

Example مثال [mesāl]:

I know his name is Akbar. من **می‌دانم** اسمِ او اکبر است.

[Man midānam esm-e u akbar ast.]

[shenākhtan]**شناختن**

to know, to be acquainted with (s.o. or s.th.)

Example مثال [mesāl]:

I know Mr. Karimi. من آقای کریمی را **می‌شناسم.**
[Man aqa-ye karimi ra mishenāsam.]

I know this neighborhood. من این محَلّه را **می‌شناسم.**

[Man in mahalleh ra mishenāsam.]

4. The Present Indicative Tense

In the section above, the verbs دانستن and شناختن are conjugated in حال ساده [hāl-e sādeh] the Present Indicative tense. Tense refers to when an action takes place (past, present, future). Mood reflects how the speaker feels about the action.

Indicative is the *mood* used to express *factual statements*. The indicative mood can occur in both past and present tenses. For example, the verbs in the sentences *John reads a book* or *Mary went home* are in present and past indicative, respectively.

5. Irregular Verbs: بودن [budan] *to be* and داشتن [dāshtan] *to have*

You learned the conjugation of the verb بودن in the first lesson and the verb داشتن in the second lesson. Here is a review of the verb داشتن including its colloquial forms.

داشتن (*to have*)

	Plural		Singular
we have	ما داریم	I have	من دارم
	[mā darim]		[man dāram]
you have	شما دارید / دارین	you have	تو داری
	[shomā dārid / *coll.* dārin]		[to dāri]
they have	آنها دارند/ دارن	s/he has	او دارد/ داره
	[ānhā dārand/*coll.* dāran]		[u dārad / *coll.* dāreh]

6. Present Stems of Regular Verbs

In order to conjugate regular verbs you need to know the present stem of that verb so when you learn a new verb it's important to learn its present stem. There is no easy rule to figure out the present stem. The easiest way is to memorize them. Regular verbs are conjugated using the following formula:

می + present stem + personal ending

Regular verb conjugation - Personal endings

	Plural	**Singular**
1st	یم	مَ
2nd	ید	ی
3rd	نَد	دَ

Examples مثال [mesāl] :

to know (a fact) (present stem) **دان** [dānestan] **دانستن**

I know — من می+ دان+ مَ من میدانم [man midānam]

coll. [man midunam] من میدونم

you (*2nd pers. sing.*) know — تو می+ دان+ ی تو میدانی [to midāni]

coll. [to miduni] تو میدونی

s/he knows — او می+ دان+ د او میداند [u midānad]

coll. [u miduneh] او میدونه

we know — ما می+ دان+یم ما میدانیم [mā midānim]

coll. [mā midunim] ما میدونیم

you (*2nd pers. pl.*) know شما می+ دان+ ید شما میدانید

[shomā midānid]

coll [shomā midunid] شما میدونید

they know آنها می+ دان+ ند آنها میدانند

[ānha midānand]

coll [unhā midunand] اونها میدونند

to know, to be acquainted with (present stem)**شناس** [shenākhtan] **شناختن**

I know [man mishenāsam] من می‌شناسم

you know, *2nd pers. sing.* [to mishenāsi] تو می‌شناسی

she/he knows او می‌شناسه ..*coll*/ می‌شناسد

[u mishenāseh / mishenāsad]

we know [mā mishenāsim]ما می‌شناسیم

you know, *2nd pers. pl.* [shomā mishenāsid] شما می‌شناسید

they know [ānhā mishenāsand] آنها می‌شناسند

7. Negation

To make a verb negative, you only have to put a ن [n] in front of it.

I know	می‌دانم [midānam]
I do not know	نمی‌دانم [nemidānam]
we know	می‌شناسیم [mishenāsim]
we do not know	نمی‌شناسیم [nemishenāsim]
s/he has	دارد [dārad]
s/he does not have	ندارد [nadārad]

The verb بودن [budan] is irregular.

I am	هستم [hastam]
I am not	نیستم [nistam]
you are (*2nd pers. sing.*)	هستی [hasti]
you are not (*2nd pers. sing.*)	نیستی [nisti]
s/he is	است / هست [ast / hast]
s/he is not	نیست [nist]
we are	هستیم [hastim]
we are not	نیستیم [nistim]
you are (*2nd person plural*)	هستید [hastid]
you are not (*2nd person plural*)	نیستید [nistid]
they are	هستند [hastand]
they are not	نیستند [nistand]

1:30

Vocabulary List — واژه‌نامه [vāzheh nāmeh]

social; sociable	اجتماعی [ejtemā'i]
easy	آسون /آسان [āsun / āsan]
his/her name	اسمش /اسمِ او [esmash / esm-e u]
him, her (direct object)	اونو /او را [uno / u rā]
with	با [bā]
intelligent	باهوش [bāhush]
especially	بخصوص [bekhosus]
in my opinion	به نظر من [beh nazar-e man]
impolite	بی تربیت [bi-tarbiyat]
hardworking	پر کار [porkar]
interesting	جالب [jaleb]
serious	جدی [jeddi]
tired	خسته [khasteh]
happy	خوشحال [khoshhal]
beautiful	خوشگل [khoshgel]
likeable	دوست داشتنی [dust dashtani]
marker for specific dir. obj.	رو/ را [ro / rā]
beautiful	زیبا [zibā]
difficult	سخت [sakht]
red	سرخ [sorkh]
in class	سر کلاس [sar-e kelās]
question	سوَال [so'āl]
s/he asks questions	سوال می کنه/میکند [so'āl mikoneh/mikonad]
apple	سیب [sib]
strange	عجیب [ajib]
nervous	عصبی [asabi]
I think	فکر می کنم [fekr mikonam]
movie	فیلم [film]
beautiful	قشنگ [qashang]
next to him/her	کنارش/کنار او [kenārash / kenār-e u]

Lesson Three

class	کلاس [kelās]
a little	کمی [kami]
who	کی [ki]
neighborhood	محله [mahalleh]
kind	مهربون / مهربان [mehrabun / mehrabān]
I know	می دانم [midānam]
you, 2*nd pers. sing.* know	می‌شناسی [mishenāsi]
unhappy	ناراحت [nārāhat]
sitting	نشسته [ne<u>sh</u>asteh]
I don't know	نمی‌دونم / نمی‌دانم [nemidunam / nemidānam]
is not	نیست [nist]
both	هر دو [har do]
always	همیشه [hamisheh]
too; like this	همینطور [hamintor]
still, yet	هنوز [hanuz]

Exercises

Exercise 3.1. In each column circle the word that does not belong.

سخت	باهوش	روان‌شناسی
آسان	مهربان	شیمی
مشکل	بی‌تربیت	دوست داشتنی

Exercise 3.2. Listen to Conversation 3.1 and write the missing words.

نسرین: کلاس‌های تو سخت ______________ ؟

الکس: نه خیلی. فقط کلاس روان‌شناسی کمی سخته.

نسرین: ولی کلاس‌های من خیلی سخت‌اند، بخصوص فارسی.

رابرت: ولی به نظر من فارسی مشکل ______________.

الکس: من هم همینطور فکر می‌کنم. فارسی آسونه.

رابرت: برای من شیمی خیلی ______________.

Exercise 3.3. Listen to Conversation 3.2 and write down the missing words.

ژاله: تو اونو ______________ ؟

امیر: آره. اسمش الکسه. خیلی پسر مهربونیه. خیلی هم جدی و پرکاره.

ژاله: اون که کنارش نشسته کی ______________ ؟

امیر: شهینه. خیلی دختر خوبیه. خیلی هم باهوش و دوست‌داشتنیه.

ژاله: الکس کجاییه؟

امیر: ______________ ؟

Exercise 3.4. Read the following sentences and based on the conversations of this lesson decide whether they are true or false.

1. کلاس‌های نسرین سخت‌اند.

درست [dorost] true   غلط [ghalat] false

2. الکس مهربان و جدی است.

درست [dorost] true   غلط [ghalat] false

3. شهین دوست داشتنی نیست.

درست [dorost] true   غلط [ghalat] false

Exercise 3.5. Conjugate the following verbs.

شناختن

دانستن

داشتن

Exercise 3.6. Complete the following sentences by conjugating the given verbs.

1. من الکس را_______________ (affirmative شناختن)

2. پدر و مادر من هنوز رابرت را _______________ (negative شناختن)

3. نسرین، _______________ الکس چند تا کلاس دارد؟

(affirmative دانستن)

(negative داشتن) ____________________ .4 الکس این ترم کلاس فارسی

(affirmative بودن) ____________________ .5 ژاله و امیر هر دو ایرانی

1:31

Exercise 3.7. Listening comprehension

Amir and Zhāleh are still talking about Robert, Nasrin, and Alex. Read the following questions. Then listen to the conversation, and choose the correct answers.

1. What does Amir think about Nasrin?
    a) That she is a nice woman.
    b) That she is very intelligent.
    c) That she is very strange.

2. What does Zhāleh think about Robert?
    a) That he is impolite.
    b) That he is kind.
    c) That he is kind and sociable.

3. Why does Zhāleh think that Nasrin is not very intelligent?
    a) Because she asks strange questions in class.
    b) Because she gets bad grades.
    c) Because she never answers her professors' questions.

If you have any difficulty understanding some of the words read the conversation below:

Text of exercise 3.7:

ژاله: تو نسرین رو می‌شناسی؟

[Zhāleh: to Nasrin ro mishenasi?]

امیر: آره. خیلی دختر خوبیه.

[Amir: āreh. Kheyli dokhtar-e khubi-ye.]

ژاله: آره. ولی به نظر من زیاد باهوش نیست.

[Zhāleh: āreh. vali beh nazar-e man ziyad bāhush nist.]

امیر: چطور مگه؟*

[Amir: chetor mageh?]

ژاله: همیشه سرِ کلاس سوال‌های عجیب می‌کنه!

[Zhāleh: hamisheh sar-e kelās so'al-hā-ye ajib mikoneh!]

امیر: هوم... من با نسرین کلاس ندارم.

[Amir: Hmmm.... Man ba Nasrin kelās nadāram.]

ژاله: به نظر من نسرین خیلی هم عصبیه!

[Zhāleh: beh nazar-e man Nasrin kheyli ham asabi-ye!]

امیر: رابرت چی؟ رابرت رو می‌شناسی؟

[Amir: Rābert chi? Rābert ro mishenāsi?]

ژاله: آره. خیلی پسرِ مهربونیه. خیلی هم اجتماعیه.

[Zhāleh: āreh. Kheyli pesar-e mehrabuni-ye. Kheyli ham ejtema'i-ye.]

Exercise 3.8. Arrange the words given in the proper order to create sentences.

1. هستم + من + اکبر.

____

2. یک + پسر + رابرت + است + مهربان.

____

* This is an idiomatic expression.

3. می‌شناسیم + آنها + را + ما.

---

4. می‌دانید + کجا + رستورانِ فیگارو + است + شما؟

---

5. آقای کریمی + استادان + خانم رضایی + و + هستند + خوبی.

---

6. باهوش + جدی + و + نسرین + هستند + رابرت + و.

---

7. شهین + پرکاری + الکس + و + هستند + دانشجوهای.

---

8. نمی‌دانند + ژاله + دانشگاه + نیویورک + کجا + امیر + و + است.

---

9. خیلی + فارسی + آسان + است + کلاس.

Lesson Four

درس چهارم

[dars-e chaharom]

In this lesson you will learn how to:
Talk about the place you live
Ask questions

In this lesson you will learn the following grammar:
Compound verbs
Interrogative sentences
Question words

Note: For each conversation in this lesson, first listen to the conversation at regular speed a few times. Then listen to the following slower version and repeat the phrases during the pauses provided. Finally, try reading the conversation.

1: 32

Conversation 4.1

1: 33

Robert is asking Nasrin about her room.

رابرت:	خونهٔ تو کجاست؟
نسرین:	من تو خوابگاه زندگی می‌کنم.
رابرت:	چطوره؟
نسرین:	زیاد خوب نیست. یک اتاق کوچک و قدیمی دارم که خیلی هم گرونه.
رابرت:	هم‌اتاقی نداری؟
نسرین:	نه.
رابرت:	اتاقت دستشویی و حمام داره؟
نسرین:	نه. تو هر طبقه یک حمام و دستشویی هست که مالِ همه است.
رابرت:	هر طبقه چند تا اتاق داره؟
نسرین:	هفت تا.
رابرت:	هفت تا؟!

Conversation 4.1

Robert:	Where is your house?
Nasrin:	I live in a dormitory.
Robert:	How is it?
Nasrin:	It is not very good. I have a small and old room which is very expensive.
Robert:	Don't you have a roommate?
Nasrin:	No.
Robert:	Does your room have a toilet and bathroom?
Nasrin:	No. There is a bath and a toilet on each floor, which belong to everyone.
Robert:	How many rooms does each floor have?
Nasrin:	Seven.
Robert:	Seven?!

"Bookish" versions of the conversation

Conversation 4.1

رابرت: خانهٔ تو کجاست؟

نسرین: من تو خوابگاه زندگی می‌کنم.

رابرت: چطور است؟

نسرین: زیاد خوب نیست. یک اتاق کوچک و قدیمی دارم که خیلی هم گران است.

رابرت: هم‌اتاقی نداری؟

نسرین: نه.

رابرت: اتاقت دستشویی و حمام دارد؟

نسرین: نه. تو هر طبقه یک حمام و دستشویی هست که مالِ همه است.

رابرت: هر طبقه چند تا اتاق دارد؟

نسرین: هفت تا.

رابرت: هفت تا؟!

Grammar

1. Compound Verbs

Compound verbs consist of more than one part. The last part is the verbal element. For example, in the verb زندگی کردن [zendegi kardan], the word زندگی [zendegi] means *life* and the word کردن [kardan] means *to do*. The combination of these two words is the verb زندگی کردن which means *to live*. To conjugate these verbs only the last part (the verbal element) is modified. For each verb the present stem is given in parentheses.

to live زندگی کردن (کُن)

من زندگی می‌کنم	ما زندگی می‌کنیم
تو زندگی می‌کنی	شما زندگی می‌کنید
او زندگی می‌کند	آنها زندگی می‌کنند.

to study درس خواندن (خوان)

من درس می‌خوانم	ما درس می‌خوانیم
تو درس می‌خوانی	شما درس می‌خوانید
او درس می‌خواند	آنها درس می‌خوانند

2. Interrogative Sentences

Yes or no questions: These questions have the same word order as a declarative sentence. The only thing that changes is the intonation of your voice.

Example مثال:

This belongs to dad. این مالِ باباست.

Does this belong to dad? این مالِ باباست؟

Information questions: These questions require a question word. Below are some common question words.

where	[kojā] کُجا
why	[cherā] چرا
how	[chetor] چطور
who	[ki] کی
when	[key] کِی
what	[chi] چی

The placement of the question words depends on their function in the sentence. For example, if we want to make a question based on the sentence ابراهیم در نیویورک زندگی می‌کند. [Ebrahim dar New York zendegi mikonad] (*Ebrahim lives in New York.*), to ask <u>where</u> Ebrahim lives we have to remove the words "New York" and replace them with the question word: ابراهیم کجا زندگی می‌کند؟ [Ebrahim koja zendegi mikonad?] (*Where does Ebrahim live?*). The only question word that always comes at the beginning of the sentence is چرا [chera] *why*.

Where do you live?	تو **کجا** زندگی می‌کنی؟
Why do you live in the dormitory?	(تو) **چرا** در خوابگاه زندگی می‌کنی؟
How are you (how is your health)?	حال شما **چطور** است؟
Who is living in the dormitory?	**کی** در خوابگاه زندگی می‌کند؟
When do your parents come to Austin?	پدر و مادر تو **کِی** به آستین می‌آیند؟
What is your name?	اسم شما **چی** است (چیست)؟

1: 34

Vocabulary List [vāzheh nāmeh] واژه‌نامه

kitchen	آشپزخانه
room	اتاق
your (*2nd pers. sing.*) room	اتاقت / اتاقِ تو
bedroom	اتاق خوابِ
dining room	اتاق ناهار خوری
living room	اتاق نشیمن
Spain	اسپانیا
tonight	امشب
first	اوّل
father	پدر
you (*2nd pers. sing.*)	تو
why	چرا
bathroom	حمام
dormitory	خوابگاه
her/his family	خانواده‌اش
house	خونه / خانه
in	در
I study	درس میخونم / می‌خوانم
toilet	دستشویی
two story	دو طبقه
second	دوم
other	دیگر
s/he lives	زندگی می‌کند
I live	زندگی می‌کنم
a lot	زیاد
crowded	شلوغ
floor	طبقه
which floor	طبقهٔ چندم
old	قدیمی
small	کوچیک / کوچک

when	کی
who	کَی
expensive	گرون / گران
mother	مادر
car	ماشین
belonging to all	مال همه
your neighborhood	محله‌تون / محله‌تان
every, each	هر
seven	هفت
roommate	هم‌اتاقی
one	یک

Exercises

Exercise 4.1. Read the following sentences. Use the question words to make questions.

1. آقای کریمی <u>در آستین</u> زندگی می‌کند. (کجا)

____

2. رابرت امروز درس نمی‌خواند <u>چون خسته است</u>. (چرا)

____

3. <u>رابرت و نسرین</u> این ترم کلاس فارسی دارند. (کی)

____

4. ماشین من <u>تویوتا</u>ست. (چی)

____

Exercise 4.2. Choose a verb from the following list and conjugate it correctly to complete the conversations.

داشتن، زندگی کردن، بودن، درس خواندن

1. تو این ترم کلاس ادبیات فارسی داری؟

– نه. این ترم ادبیات فارسی __________ ولی ادبیات انگلیسی دارم.

2. پدر و مادرِ تو کجا زندگی می‌کنند؟

– پدر من در کانادا __________ و مادرم در اسپانیا.

3. تو امشب درس نمی‌خوانی؟

– نه. امشب __________ چون خیلی خسته __________ .

Exercise 4.3. In each column of words circle the one which does not belong.

گرون	دستشویی	خونه
ارزون	حمام	خوابگاه
اتاق	طبقه	خیابان

Exercise 4.4. Read Conversation 4.1 and answer the following questions.

1. نسرین کجا زندگی می‌کند؟

____

2. نسرین چند تا هم‌اتاقی دارد؟

____

3. اتاق نسرین چطور است؟

____

1: 35
Exercise 4.5. Reading Practice
1: 36

First listen to the reading at regular speed a few times. Then listen to the following slower version and repeat the phrases during the pauses provided. Finally, try reading the text on your own.

Robert's house

آستین، خیابان دوازدهم، شمارهٔ 35

رابرت با خانواده‌اش در یک خانهٔ بزرگ و قدیمی زندگی می‌کند. خانهٔ آنها دو طبقه است. طبقهٔ اول یک آشپزخانه، یک اتاق ناهار خوری، یک اتاق نشیمن، و یک دستشویی دارد. در طبقهٔ دوم، دو اتاق خواب، یک حمام بزرگ و یک دستشویی دیگر هست. اتاق خواب بزرگ مالِ پدر و مادر رابرت و اتاق خواب کوچک مال رابرت است.

Number 35, Twelfth Street, Austin

Robert lives with his family in a big old house. Their house has two floors. The first floor has a kitchen, a dining room, a living room, and a bathroom. On the second floor, there are two bedrooms, one big bathroom and another bathroom. The big bedroom is Robert's parents and the small bedroom is Robert's.

Answer the following questions about the reading above:

1. رابرت با کی زندگی می‌کند؟

2. خانهٔ رابرت چند تا اتاق خواب دارد؟

Exercise 4.6. Make questions based on the underlined words.

1. دانشجویان همیشه در کتابخانهٔ دانشگاه درس می‌خوانند. (کجا)

____

2. رابرت با برادر نسرین به پارک می‌رود. (کِی)

____

3. حال الکس خوب نیست. (چطور)

____

4. پدر و مادر شهین امروز به نیویورک می‌آیند. (کِی)

____

5. استاد و دانشجویان امشب یک فیلم وسترن تماشا می‌کنند. (کی)

____

Exercise 4.7. Choose a verb from the following list and conjugate it correctly to complete the following paragraph.

هستند، می‌شناسد، درس دارد، دارد، نمی‌دهد

نسرین امشب پارتی ______________. همهٔ هم‌کلاسی‌ها در آپارتمان او ______________ شهین در پارتی نیست چون ______________. رابرت هم آنجاست. او همهٔ هم‌کلاسی‌ها را ______________. بعد از غذا نسرین به همه کیک و قهوه می‌دهد ولی به الکس کیک ______________ چون او را دوست ندارد.

1:37

Exercise 4.8. Listening comprehension

Ms. Rezai is asking Mr. Karimi about the place he lives. Read the following questions then listen to the conversation, and choose the correct answers.

1. Where does Mr. Karimi live?
    a) In a house.
    b) In dormitory.
    c) In an apartment.

2. On which floor does Mr. Karimi live?
    a) First
    b) Second
    c) Third

3. How is his neighborhood?
    a) It is very quiet.
    b) It is crowded.
    c) It is a bad neighborhood.

If you have any difficulty understanding some of the words read the text below.

Text of exercise 4.8:

خانم رضایی: شما خونه دارید یا آپارتمان؟
آقای کریمی: من یک آپارتمان کوچیک دارم.
خانم رضایی: چند تا اتاق خواب داره؟
آقای کریمی: فقط یک اتاق خواب داره.
خانم رضایی: طبقهٔ چندمه؟
آقای کریمی: طبقهٔ سوم.
خانم رضایی: محله‌تون خوبه؟
آقای کریمی: بد نیست. فقط کمی شلوغه.

Lesson Five

درس پنجم

[dars-e panjom]

In this lesson you will learn how to talk about:
Days of the week
Months and Seasons
Colors

In this lesson you will learn the following grammar:
Compound verbs / negative
Cardinal and ordinal numbers

Note: For each conversation in this lesson, first listen to the conversation at regular speed a few times. Then listen to the following slower version and repeat the phrases during the pauses provided. Finally, try reading the conversation.

1:38
Conversation 5.1
1:39
Nasrin sees Robert in the park.

نسرین:	تو همیشه می‌آیی اینجا؟
رابرت:	معمولا روزهای جمعه بعد از ظهر میام اینجا.
نسرین:	برای چی؟
رابرت:	بعد از پنج روز درس میام اینجا خستگی درمی‌کنم. اینجا خیلی قشنگه. بخصوص فصل پاییز اینجا خیلی قشنگ میشه.
نسرین:	منهم پاییز اینجا رو خیلی دوست دارم. به نظر من قشنگ‌ترین فصل ساله.
رابرت:	حیف که پاییز اینجا خیلی طول نمی‌کشه. البته عیبی نداره چون من امسال آخر پاییز، بعد از امتحانات آخر ترم میرم کالیفرنیا.
نسرین:	امتحانهات کی تمام میشه؟
رابرت:	دوشنبهٔ اول دسامبر. تو چی؟
نسرین:	چهارشنبهٔ اول دسامبر.
رابرت:	تو جایی نمیری؟
نسرین:	نه. پدر و مادرم از نیویورک میان اینجا و یک هفته پیش من میمونند.

Conversation 5.1

Nasrin: Do you always come here?
Robert: Usually Friday afternoons I come here.
Nasrin: For what?
Robert: After five days of studying I come here to rest. Here it is

	very beautiful, especially in the fall it becomes very beautiful.
Nasrin:	Me too, I like the fall very much. In my opinion it is the most beautiful season of the year.
Robert:	It is a pity that fall doesn't last long here. Of course, it doesn't matter because this year, at the end of fall, after the end-of-the semester exams I'll go to California.
Nasrin:	When do your exams finish?
Robert:	The first Monday of December. How about you?
Nasrin:	The first Wednesday of December.
Robert:	Will you go anywhere?
Nasrin:	No, my parents will come here from New York and stay with me for one week.

1:40
Conversation 5.2
1:41
Mark asks Shahin and Alex about the names of Iranian seasons and months.

مارک: Spring به فارسی چی میشه؟

شهین: بهار.

مارک: Summer به فارسی چی میشه؟

شهین: تابستان.

الکس: Fall هم میشه پاییز و Winter هم میشه زمستان.

مارک: ماهها چی؟

شهین: هر فصل سه ماه داره. ماه‌های فصل بهار، فروردین، اردیبهشت و خرداد هستند. ماه‌های فصل تابستان، تیر، مرداد و شهریور هستند.

الکس: ماه‌های فصل پاییز، مهر، آبان و آذر هستند و ماه‌های فصل زمستان، دی، بهمن و اسفند هستند.

Conversation 5.2

Mark: What is "spring" in Persian?

Shahin: *Bahar.*

Mark: What is "summer" in Persian?

Shahin: *Tabestan.*

Alex: "Fall" is *payiz* and "winter" is *zemestan.*

Mark: How about months?

Shahin: Each season has three months. The months of spring are *farvardin, ordibehesht,* and *khordad.* The months of summer are *tir, mordad,* and *shahrivar.*

Alex: The months of fall are *mehr, aban,* and *azar,* and the months of winter are *dey, bahman,* and *esfand.*

"Bookish" versions of the conversations
Conversation 5.1

نسرین: تو همیشه می‌آیی اینجا؟

رابرت: معمولا روزهای جمعه بعد از ظهر می‌آیم اینجا.

نسرین: برای چی؟

رابرت: بعد از پنج روز درس میایم اینجا خستگی درمی‌کنم. اینجا خیلی قشنگ است. بخصوص فصل پاییز اینجا خیلی قشنگ میشود.

نسرین: منهم پاییز اینجا را خیلی دوست دارم. به نظر من قشنگ‌ترین فصل سال است.

رابرت: حیف که پاییز اینجا خیلی طول نمی‌کشد. البته عیبی ندارد چون من امسال آخر پاییز، بعد از امتحانات آخر ترم میروم کالیفرنیا.

نسرین: امتحانهات کی تمام میشود؟

رابرت: دوشنبهٔ اول دسامبر. تو چی؟

نسرین: چهارشنبهٔ اول دسامبر.

رابرت: تو جایی نمیروی؟

نسرین: نه. پدر و مادرم از نیویورک می‌آیند اینجا و یک هفته پیش من میمانند.

Conversation 5.2

مارک: Spring به فارسی چی میشود؟

شهین: بهار.

مارک: Summer به فارسی چی میشود؟

شهین: تابستان.

الکس: Fall هم میشود پاییز و Winter هم میشود زمستان.

مارک: ماهها چی؟

شهین: هر فصل سه ماه دارد. ماههای فصل بهار، فروردین، اردیبهشت و خرداد هستند. ماههای فصل تابستان، تیر، مرداد و شهریور هستند.

الکس: ماههای فصل پاییز، مهر، آبان و آذر هستند و ماههای فصل زمستان، دی، بهمن و اسفند هستند.

Grammar

1:42

1. The Days of the Week روزهای هفته

هر هفته هفت روز دارد. Each week has seven days:

Saturday	شنبه
Sunday	یکشنبه
Monday	دوشنبه
Tuesday	سه شنبه
Wednesday	چهارشنبه
Thursday	پنج شنبه
Friday	جمعه

1:43

2. Cardinal Numbers صفت شمارشی اصلی (عددها)

۴۰	چهل	۱۲	دوازده	۱	یک		
۵۰	پنجاه	۱۳	سیزده	۲	دو		
۶۰	شصت	۱۴	چهارده	۳	سه		
۷۰	هفتاد	۱۵	پانزده	۴	چهار		
۸۰	هشتاد	۱۶	شانزده	۵	پنج		
۹۰	نود	۱۷	هفده	۶	شش		
۱۰۰	صد	۱۸	هجده	۷	هفت		
۱٬۰۰۰	هزار	۱۹	نوزده	۸	هشت		
۱٬۰۰۰٬۰۰۰	میلیون	۲۰	بیست	۹	نه		
		۲۱	بیست و یک	۱۰	ده		
		۳۰	سی	۱۱	یازده		

Numbers are written from left to right as in English. For example:

I have 25 dollars. [man bist-o panj dolār dāram] من ۲۵ دلار دارم.

1:44

3. Ordinal Numbers صفت شمارشی ترتیبی

The first three ordinal numbers are irregular.

The word "*first*" has a regular form also: یکُم

	first	اوّل / یکُم
	second	دوّم
	third	سوّم

To form other ordinal numbers the vowel sound (´-o) and the consonant (م -m) are added to the cardinal number.

	fourth	چهارُم	چهار
	fifth	پنجُم	پنج
	twenty-first	بیست و یکُم	بیست و یک

1:45

4. Additional Compound Verbs

Words in parantheses are present stems.

نشان دادن (دَه) *to show*

ما نشون میدیم *coll.* / نشان می‌دهیم	من نشون میدم *coll.* / نشان می‌دهم
شما نشون میدید *coll.* / نشان می‌دهید	تو نشون میدی *coll.* / نشان می‌دهی
آنها نشون میدن *coll.* / نشان می‌دهند	او نشون میده *coll.* / نشان می‌دهد

آماده کردن (کُن) *to prepare*

من آماده می‌کنم	ما آماده می‌کنیم
تو آماده می‌کنی	شما آماده می‌کنید
او آماده می‌کنه *coll.* / آماده می‌کند	آنها آماده می‌کنند

نگاه کردن	to look
تماشا کردن	to watch
شروع کردن	to start, to begin
دوست داشتن	to like, to love
تمام کردن	to finish
تمام شدن	to be finished
درست کردن	to prepare, to fix

> To make a compound verb negative we add a ن to the verbal element. In the following charts, verbs نشان دادن and آماده کردن are conjugated in present tense, negative.

Words in parentheses are present stems.

نشان دادن (دَه) *to show*

من نشون نمیدم *coll.* / نشان نمی‌دهم	ما نشون نمیدیم *coll.* / نشان نمی‌دهیم
تو نشون نمیدی *coll.* / نشان نمی‌دهی	شما نشون نمیدید *coll.* / نشان نمی‌دهید
او نشون نمیده *coll.* / نشان نمی‌دهد	آنها نشون نمیدن *coll.* / نشان نمی‌دهند

آماده کردن (کُن) *to prepare*

من آماده نمی‌کنم	ما آماده نمی‌کنیم
تو آماده نمی‌کنی	شما آماده نمی‌کنید
او آماده نمی‌کند / آماده نمی‌کنه *coll.*	آنها آماده نمی‌کنند

1:46

5. The Colors of the Rainbow رنگ‌های رنگین کمان

The rainbow has six colors: رنگین کمان شش رنگ دارد:

قرمز	red
نارنجی	orange
زرد	yellow
سبز	green
آبی	blue
بنفش	purple

1:47

Vocabulary List [vāzheh nāmeh] واژه‌نامه

last	آخر
to prepare	آماده کردن
of course	البتّه
exam	امتحان
exams	امتحانات
your exams	امتحانهات (امتحانهایت)
this year	امسال
here	اینجا
especially	بخصوص
after	بعد
afternoon	بعد از ظهر
spring	بهار
fall	پاییز
my parents	پدر و مادرم / پدر و مادرِ من
Thursday	پنج‌شنبه
to me, to my place	پیشِ من
summer	تابَستان
to watch	تماشا کردن
it finishes, it ends	تمام میشه / تمام می‌شود
Friday	جمعه
Wednesday	چهارشنبه
it is a pity	حیف
I rest	خستگی درمی‌کنم
December	دسامبر
doctor	دکتر
I like, I love	دوست دارم
Monday	دوشنبه
day, days	روز / روزها
winter	زمستان
year	سال
Tuesday	سه‌شنبه

Lesson Five

movie theater	سینما
Saturday	شنبه
it does not last	طول نمی‌کشه / طول نمی‌کشد
it doesn't matter	عیبی نداره / عیبی ندارد
season	فصل
the most beautiful	قشنگ‌ترین
California	کالیفرنیا
which	کدوم / کدام
that	که
month, months	ماه / ماه‌ها
patient	مریض
usually	معمولا
me too, I also	منهم / من هم
I come	میام / می‌آیم
they come	میان / می‌آیند
you come	می‌آیی
I go	میرم / می‌روم
it becomes	میشه / می‌شود
they stay	میمونند / می‌مانند
to show	نشان دادن
you (2nd pers. sing.) don't go	نمیری / نمی‌روی
week	هفته
always	همیشه
Sunday	یکشنبه

Exercises

Exercise 5.1. In each column circle the word that does not belong.

همیشه	کالیفرنیا	پاییز
معمولا	تگزاس	فروردین
دسامبر	خستگی	بهار

Exercise 5.2. Reread Conversation 5.1 and answer the following questions.

۱. رابرت روزهای جمعه بعد از ظهر کجا می‌رود؟

___

۲. به نظر نسرین قشنگ‌ترین فصل سال کدامست؟

___

۳. رابرت بعد از امتحانات آخر ترم کجا می‌رود؟

___

Exercise 5.3. Change the following numbers from cardinal to ordinal.

ده ۱۰ دُهم

سی و دو ۳۲ ___

چهل ۴۰ ___

صد و هشتاد و شش ۱۸۶ ______________________

نهصد و نود و نه ۹۹۹ ______________________

Exercise 5.4. Read the text and answer the questions.

رابرت و نسرین روزهای شِنبه هیچوقت در خانه نمی‌مانند. آنها معمولا به سینما و یا به رستوران می‌روند. آنها روزهای یکشنبه در خانه می‌مانند و تلویزیون تماشا می کنند. رابرت فیلم‌های ایرانی را خیلی دوست دارد ولی نسرین فیلم آمریکایی دوست دارد. آنها بعد از تمام شدن فیلم معمولا قهوهٔ ترک درست می کنند.

۱. رابرت و نسرین معمولا روزهای شنبه چکار می کنند؟

____

۲. نسرین چه فیلم‌هایی را دوست دارد؟

____

۳. آنها معمولا کِی قهوهٔ ترک درست می کنند؟

____

Exercise 5.5. Use the verbs given to complete the following short conversations.

نشان دادن، دوست داشتن، تماشا کردن

۱. تو کدام روز هفته را دوست داری؟

من جمعه را ______________________ .

۲. معمولا شنبه‌ها چکار می‌کنی؟
تلویزیون _____ .

۳. کجا می‌روی؟
می‌روم سینما. یک فیلم خوب _____ .

Exercise 5.6. Complete the following sentences.

۱. ما همیشه تلویزیون _____ (تماشا کردن).

۲. امروز پنجشنبه است و ما _____ (درس خواندن negative)

Exercise 5.7. Complete the following chart.

۱. فصل اول سال   بهار

۲. روز اول هفته   شنبه

۳. ماه‌های فصل تابستان   _____ _____ _____

۴. ماه‌های فصل زمستان   _____ _____ _____

۵. فصل سوم سال   _____

۶. رنگ‌های رنگین کمان   _____ _____ _____
                         _____ _____ _____

1:48
Exercise 5.8. Listening comprehension

In a hospital, a doctor is asking a patient who has had an accident questions to test his memory and other functions of his brain. Listen to the conversation and choose the correct answers to the following questions.

1. What is the patient's answer to "What is today's date"?
   a) 22nd of Farvardin
   b) 2nd of Farvardin
   c) I don't know.

2. What is the patient's answer to "Which day of the week is it"?
   a) Sunday
   b) Monday
   c) Tuesday

3. According to the patient how many days does a year have?
   a) 248
   b) 365
   c) 254

If you have difficulty understanding some of the words read the conversation below:

Text of exercise 5.8

دکتر: امروز چه روزیه؟
مریض: بیست و دوم فروردین.
دکتر: چه سالی؟
مریض: نمی‌دونم.
دکتر: هوم... کدوم روز هفته است؟
مریض: فکر می‌کنم سه‌شنبه.
دکتر: یک سال چند روز داره؟
مریض: دویست و چهل و هشت روز!
دکتر: شمارۀ تلفن شما چیه؟
مریض: ۲۴۹۸۱۵.

Lesson Six

درس ششم

[dars-e sheshom]

In this lesson you will learn how to talk about:
Time
Weather

In this lesson you will learn the following grammar:
New verbs
Simple past tense
Present progressive

Note: For each conversation in this lesson, first listen to the conversation at regular speed a few times. Then listen to the following slower version and repeat the phrases during the pauses provided. Finally, try reading the conversation.

2: 1
Conversation 6.1
2: 2

Shahin calls Alex to see whether he wants to go to the movies with her.

الکس: الو؟
شهین: سلام الکس. چطوری؟
الکس: بد نیستم.
شهین: داری چکار می‌کنی؟
الکس: دارم درس می‌خونم. فردا صبح ساعت هشت و نیم امتحان دارم.
شهین: پس سینما نمی‌آیی؟
الکس: فیلم ساعت چند شروع میشه؟
شهین: ساعت پنج و ربع.
الکس: ساعت چند تمام میشه؟
شهین: یک ربع به نه.
الکس: سه ساعت و نیم؟ نه! خیلی طولانیه. نمی‌تونم.

Conversation 6.1

Alex:	Hello?
Shahin:	Hello, Alex, how are you?
Alex:	I am not bad.
Shahin:	What are you doing?
Alex:	I am studying. Tomorrow morning at 8:30 I have an exam.
Shahin:	So you aren't coming to the movies?
Alex:	When does the movie begin?
Shahin:	5:15.
Alex:	When does it finish?
Shahin:	8:45.
Alex:	Three and a half hours? No! It is too long. I cannot.

2: 3
Conversation 6.2
2: 4
Shahin is asking Alex about his exam.

شهین: امتحانت چطور شد؟

الکس: خوب نشد.

شهین: چرا؟

الکس: نمی‌دونم. پریروز سه ساعت و دیروز هم سه ساعت درس خوندم ولی امتحانم خوب نشد.

شهین: امتحان سخت بود؟

الکس: نه. ولی وقت کم بود. بیست و پنج تا سوال بود و چهل و پنج دقیقه وقت.

شهین: عیبی نداره. حالا کجا میری؟

الکس: کتابخونه.

شهین: کِی میری خونه؟

الکس: ساعت چهار و نیم.

شهین: الآن ساعت چنده؟

الکس: دو و نیم.

شهین: من باید برم. شب بهت تلفن می‌کنم.

الکس: باشه. خداحافظ.

شهین: خداحافظ.

Conversation 6.2

Shahin: How was your exam?
Alex: It was not good.
Shahin: Why?
Alex: I don't know. I studied three hours the day before yesterday and three hours yesterday but my exam wasn't good.
   Shahin: Was the exam difficult?
Alex: No. But there was little time. There were 25 questions and 45 minutes.

Shahin: It doesn't matter. Where do you go now?
Alex: The library.
Shahin: When do you go home?
Alex: 4:30.
Shahin: What time is it now?
Alex: 2:30.
Shahin: I must go. I'll call you in the evening.
Alex: OK, goodbye.
Shahin: Goodbye.

"Bookish" versions of the conversation
Conversation 6.1

الکس: الو؟
شهین: سلام الکس. چطوری؟
الکس: بد نیستم.
شهین: داری چکار می‌کنی؟
الکس: دارم درس می‌خوانم. فردا صبح ساعت هشت و نیم امتحان دارم.
شهین: پس سینما نمی‌آیی؟
الکس: فیلم ساعت چند شروع میشود؟
شهین: ساعت پنج و ربع.
الکس: ساعت چند تمام میشود؟
شهین: یک ربع به نه.
الکس: سه ساعت و نیم؟ نه! خیلی طولانی است. نمی‌توانم.

Conversation 6.2

شهین: امتحانت چطور شد؟
الکس: خوب نشد.
شهین: چرا؟
الکس: نمی‌دانم. پریروز سه ساعت و دیروز هم سه ساعت درس خواندم ولی امتحانم خوب نشد.
شهین: امتحان سخت بود؟
الکس: نه. ولی وقت کم بود. بیست و پنج تا سوال بود و چهل و پنج دقیقه وقت.
شهین: عیبی ندارد. حالا کجا میروی؟
الکس: کتابخانه.
شهین: کِی میروی خانه؟
الکس: ساعت چهار و نیم
شهین: الآن ساعت چند است؟
الکس: دو و نیم.
شهین: من باید بروم. شب به تو تلفن می‌کنم.
الکس: باشد. خداحافظ.
شهین: خداحافظ.

Grammar

2:5
1. Time وقت

The word ساعت [sā'at] means *watch*, *clock* or *hour*. It is the most common word used when one asks for the time.

ساعت چنده؟
What time is it?

ساعت هشته.
It is eight o'clock.

ساعت یکه.
It is one.

ساعت یک و پنج دقیقه است.
It is 1:05. (*Lit.* It is one and five minutes.)

ساعت سه و ربعه.
It is 3:15. (*Lit.* It is three and a quarter.)

ساعت چهار و بیست و پنج دقیقه است.
It is 4:25. (*Lit.* It is four and twenty-five minutes.)

ساعت هفت و نیمه.
It is 7:30. (*Lit.* It is seven and a half.)

ساعت یک ربع به یازدهه.
It is 10:45. (*Lit.* It is a quarter to eleven.)

ساعت دوازده دقیقه به دهه.
It is 9:48. (*Lit.* It is twelve minutes to ten.)

morning	صبح
noon	ظهر
afternoon	بعد از ظهر
late afternoon	عصر
night, evening	شب
midnight	نیمه شب

Pay attention to the slight difference of pronunciation in the following sentences:

ببخشید خانم، ساعت چنده؟

Excuse me madam, what time is it?

ساعت چهاره.

It is 4 o'clock.

ببخشید خانم. پرواز شمارهٔ ۴۷۱ چه ساعتی می‌رسه؟

Excuse me madam. When [at what hour] does flight no. 471 arrive?

ساعتِ چهار.

At 4 o'clock.

2:6

2. New Verbs فعل‌های جدید

to go رفتن (رو)

من میرم .*coll* / می‌روم	ما میریم .*coll* / می‌رویم
تو میری .*coll* / می‌روی	شما میرید .*coll* / می‌روید
او میره .*coll* / می‌رود	آنها میرند .*coll* / می‌روند

آمدن (آی) to come

من میام *coll.* / می‌آیم	ما میایم *coll.* / می‌آییم
تو میای *coll.* / می‌آیی	شما میاید *coll.* / می‌آیید
او میاد *coll.* / می‌آید	آنها میاند *coll.* / می‌آیند

رسیدن (رس) to arrive

من می‌رسم	ما می‌رسیم
تو می‌رسی	شما می‌رسید
او می‌رسه *coll.* / می‌رسد	آنها می‌رسند

خواستن (خواه) to want

من می‌خوام *coll.* / می‌خواهم	ما می‌خوایم *coll.* / می‌خواهیم
تو می‌خوای *coll.* / می‌خواهی	شما می‌خواید *coll.* / می‌خواهید
او می‌خواد *coll.* / می‌خواهد	آنها می‌خواند *coll.* / می‌خواهند

توانستن (توان) to be able to

من می‌تونم *coll.* / می‌توانم	ما می‌تونیم *coll.* / می‌توانیم
تو می‌تونی *coll.* / می‌توانی	شما می‌تونید *coll.* / می‌توانید
او می‌تونه *coll.* / می‌تواند	آنها می‌تونند *coll.* / می‌توانند

3. Simple Past Tense زمان گذشتهٔ ساده

In Persian all infinitives end in ن . To form the simple past tense you drop the ن from the infinitive. This will be the past stem of the verb. Then add the following personal endings.

Plural	Singular	
... یم	... َم	1st person
... ید	... ی	2nd person
... َند	...	3rd person

to be able to, can توانستن

Plural	Singular	
ما توانستیم	من توانستم	1st person
شما توانستید	تو توانستی	2nd person
آنها توانستند	او توانست	3rd person

to live زندگی کردن

Plural	Singular	
ما زندگی کردیم	من زندگی کردم	1st person
شما زندگی کردید	تو زندگی کردی	2nd person
آنها زندگی کردند	او زندگی کرد	3rd person

In the simple past tense the verbs بودن (to be) and داشتن (to have) are regular.

to be بودن

	Singular	Plural
1st person	من بودم	ما بودیم
2nd person	تو بودی	شما بودید
3rd person	او بود	آنها بودند

to have داشتن

	Singular	Plural
1st person	من داشتم	ما داشتیم
2nd person	تو داشتی	شما داشتید
3rd person	او داشت	آنها داشتند

Simple past is used to express actions which took place in the past.

Example: مثال:

من دیروز به کتابخانه **رفتم**.

Yesterday I **went** to the library.

To make the past tense negative we place a ن at the beginning of the verb:

رابرت پول **نداشت**.

Robert **did not have** money.

4. Present Emphatic / Progressive حال سادهٔ تاکیدی

In Persian, the simple present tense can also indicate the habitual and progressive. من می‌روم can be translated as both *"I go"* and *"I am going."* But especially in spoken Persian, if we want to emphasize the progressivity of the action we use the following formula:

Subject + conjugated form of the verb *to have* داشتن + conjugation of the main verb

Example مثال:

الکس دارد می‌آید.

Alex **is [in the process of] coming**.

رابرت و نسرین **دارند** درس **می‌خوانند**.

Robert and Nasrin **are [in the process of] studying**.

ما **داریم** تلویزیون تماشا **می‌کنیم**.

We **are [in the process of] watching** T.V.

2:7

Vocabulary List [vāzheh nāmeh] واژه‌نامه

to come	آمدن
cloudy	ابری
wind	باد
rain	باران
OK	باشه / باشد
snow	برف
afternoon	بعد از ظهر
to	به
to you	بهت / به تو
most of the times	بیشتر وقت‌ها
fly, flight	پرواز
the day before yesterday	پریروز
then, so	پس
I call	تلفن می‌کنم
TV	تلویزیون
we watch	تماشا می‌کنیم
it ends	تمام میشه / تمام می‌شود
to be able to	توانستن
how was it (how did it become)	چطور شد؟
what are you doing?	چکار می‌کنی؟
now	حالا
to want	خواستن
(university) student/students	دانشجو / دانشجویان
university	دانشگاه
I studied	درس خوندم / درس خواندم
I study, I am studying	درس می‌خونم / درس می‌خوانم
minute	دقیقه
yesterday	دیروز
quarter	ربع
to arrive	رسیدن
to go	رفتن

Lesson Six

watch; hour	ساعت
what time	ساعتِ چند
cold	سرد
night, evening	شب
it begins	شروع میشه / شروع می‌شود
morning	صبح
long	طولانی
noon	ظهر
late afternoon	عصر
tomorrow	فردا
movie	فیلم
cafeteria	کافه تریا
completely	کاملا
warm	گرم
I must go	من باید برم
it arrives	میرسه / می‌رسد
you (2*nd pers. sing.*) go, you are going	میری / می‌روی
I cannot	نمی‌تونم / نمی‌توانم
midnight	نیمه شب
time	وقت
but	ولی
eight-thirty (8:30)	هشت و نیم
weather	هوا

Exercises

Exercise 6.1. Read Conversation 6.1 and answer the following questions.

۱. چرا الکس درس می‌خواند؟

۲. فیلم ساعت چند شروع می‌شود؟

۳. چرا الکس با شهین به سینما نمی‌رود؟

Exercise 6.2. Answer the following questions about Conversation 6.2.

۱. امتحان الکس چطور شد؟ چرا؟

۲. امتحان الکس چقدر طول کشید؟

Exercise 6.3. In each column circle the word that does not belong.

دیروز	سینما	هشت و نیم
امروز	تئاتر	ساعت
طولانی	فیلم	پنج و ربع

Exercise 6.4. ساعت چنده؟ What time is it?

چهار و نیم	4 : 03 (a
_____	11 : 21 (b
_____	9 : 02 (c
_____	8 : 54 (d
_____	6 : 05 (e

Exercise 6.5. Conjugate the following verbs in the simple past tense.

آمدن   رفتن   رسیدن   درس خواندن

Exercise 6.6. Complete the followings sentences with the past forms of the given verbs.

۱. امروز صبح دانشجویان کلاس فارسی امتحان _____ (داشتن).

۲. امتحان کمی سخت _____ (بودن).

۳. بعد از امتحان دانشجویان خیلی خسته _____ (بودن).

۴. رابرت و نسرین به کافه تریای دانشگاه _____ (رفتن).
۵. بعد از چند دقیقه الکس و شهین هم _____ (آمدن).
۶. (آنها) چند ساعت آنجا _____ (نشستن) و
_____ (حرف زدن).

2:8
Exercise 6.7. **Listening comprehension**

Amir has just come back from California and Zhaleh is asking him about the weather. Listen to the conversation and then choose the correct answers to the following questions.

1. How many days did Amir stay in California?
    a) 11 days
    b) 12 days
    c) 13 days

2. How was the weather during the first two days?
    a) Wonderful
    b) Not bad
    c) Terrible

3. Describe the weather during the last nine days.
    a) Windy and warm
    b) Snowy, cloudy and cold
    c) Rainy, cloudy, windy, and cold

If you have difficulty understanding some of the words read the conversation below.

Text of exercise 6.7

ژاله: چند روز کالیفرنیا بودی؟
امیر: یازده روز.
ژاله: هوا چطور بود؟
امیر: دو روز اوّل بد نبود. ولی نه روز بعد هوا خیلی بد شد.

Lesson Six

ژاله: برف آمد؟
امیر: نه. ولی خیلی باران آمد. روزهایی هم که باران نمی‌آمد هوا کاملا ابری بود.
ژاله: هوا گرم بود یا سرد؟
امیر: بیشتر وقت‌ها سرد بود.
ژاله: باد هم می‌آمد؟
امیر: آره، خیلی.

Exercise 6.8. Use the words given to complete the paragraph.

می‌مانیم، دوست ندارم، کمی، می‌شود، زمستان

سلام اکبر، چطوری؟ من الآن در تهران هستم. هوای اینجا _____ سرد است. خوب، زمستان است. دیروز با پدر و مادرم به رستوران رفتیم. شهین و نسرین هم آمدند. فردا به اصفهان می‌رویم و پنج روز آنجا _____ هوای اصفهان در _____ خیلی سرد _____ من اصفهان را _____ ولی شهین خیلی آنجا را دوست دارد چون برادرش آنجا زندگی می‌کند.

Exercise 6.9. Translate the following sentences.

1. How was your exam?

_____

2. I called you last week but you were not home.

_____

3. Last night at 6:00 p.m., Akbar and Ebrahim went home.

_____

Lesson Seven

درس هفتم

[dars-e haftom]

In this lesson you will learn how to have a friendly conversation about:
A party
Books and movies

In this lesson you will learn the following grammar:
Possessive attached pronouns
Present perfect tense
Past perfect tense

Note: For each conversation in this lesson, first listen to the conversation at regular speed a few times. Then listen to the following slower version and repeat the phrases during the pauses provided. Finally, try reading the conversation.

2:9

Conversation 7.1

2:10

Shahin and Alex are talking about the party last week at Ms. Rezai's house.

الکس: تو هفتهٔ پیش مهمانی خانم رضایی رفتی؟
شهین: آره. تو چرا نیامدی؟
الکس: کار داشتم. کی‌ها آمده بودند؟
شهین: تقریبا همهٔ دانشجوهای کلاس و چند تا از استادها.
الکس: آقای کریمی هم بود؟
شهین: آره. با خانمش آمده بود. بچه‌هاشان را هم آورده بودند.
الکس: نسرین و رابرت هم بودند؟
شهین: آره. البته زیاد نموندند.
الکس: مهمونی چطور بود؟
شهین: خیلی خوب بود. غذا خوردیم، حرف زدیم، رقصیدیم. خیلی خوب بود.
الکس: کِی برگشتی خونه؟
شهین: حدود دو و نیم صبح.

Conversation 7.1

Alex: Did you go to Ms. Rezai's party last week?
Shahin: Yes, why didn't you come?
Alex: I had things to do. Who came?
Shahin: Almost all students of the class and some of the professors.
Alex: Did Mr. Karimi come also?
Shahin: Yes, he came with his wife. They brought their children also.
Alex: Were Nasrin and Robert there too?
Shahin: Yes, of course. They didn't stay long.
Alex: How was the party?
Shahin: It was very good; we ate, talked, danced. It was very good.
Alex: When did you return home?
Shahin: About 2:30 a.m.

2: 11

Conversation 7.2

2: 12

Robert and Nasrin are talking about Sadeq Hedayat.

نسرین: تو تا حالا از کتاب‌های صادق هدایت چیزی خوانده‌ای؟

رابرت: آره. من اکثر کتاب‌هاش رو خوانده‌ام.

نسرین: شنیده‌ام که فیلمی هم از بوف کور درست کرده‌اند.

رابرت: آره. اون رو هم دیده‌ام.

نسرین: یک فیلم هم از داستان "داش آکل" صادق هدایت درست کرده‌اند.

رابرت: متاسفانه اون رو ندیده‌ام ولی داستانش را خوانده‌ام.

Conversation 7.2

Nasrin: Have you ever read any of Sadeq Hedayat's books?

Robert: Yes, I have read most of his books.

Nasrin: I have heard they have made a movie of *Buf-e Kur*.

Robert: Yes, I have seen that too.

Nasrin: They have made a movie of Sadeq Hedayat's "*Dash Akol*" also.

Robert: Unfortunately I haven't seen that but I have read the story.

"Bookish" versions of the conversations
Conversation 7.1

الکس: تو هفتهٔ پیش مهمانی خانم رضایی رفتی؟

شهین: آره. تو چرا نیامدی؟

الکس: کار داشتم. کی‌ها آمده بودند؟

شهین: تقریبا همهٔ دانشجوهای کلاس و چند تا از استادها.

الکس: آقای کریمی هم بود؟

شهین: آره. با خانمش آمده بود. بچه‌هاشان را هم آورده بودند.

الکس: نسرین و رابرت هم بودند؟

شهین: آره. البته زیاد نماندند.

الکس: مهمانی چطور بود؟

شهین: خیلی خوب بود. غذا خوردیم، حرف زدیم، رقصیدیم. خیلی خوب بود.

الکس: کِی برگشتی خانه؟

شهین: حدود دو و نیم صبح.

Conversation 7.2

نسرین: تو تا حالا از کتاب‌های صادق هدایت چیزی خوانده‌ای؟

رابرت: آره. من اکثر کتاب‌هاش را خوانده‌ام.

نسرین: شنیده‌ام که فیلمی هم از بوف کور درست کرده‌اند.

رابرت: آره. آن را هم دیده‌ام.

نسرین: یک فیلم هم از داستان "داش آکل" صادق هدایت درست کرده‌اند.

رابرت: متاسفانه آن را ندیده‌ام ولی داستانش را خوانده‌ام.

Grammar

1. Possessive Attached Pronouns

In lesson 3 we explained that one of the ways to indicate possession is to use the *ezafeh* construction to link a noun and a pronoun. For example: کتابِ من, کتابِ ما. In this alternative structure, the detached forms of pronouns can be replaced with the attached ones. Here is the list of attached pronouns:

	Plural		Singular	
...مان	ما	...َم	من	1st person
...تان	شما	...َت	تو	2nd person
...شان	آنها	...َش	او	3rd person

For example:

our book کتابِمان	کتابِ ما	my book کتابَم	کتابِ من
your book کتابتان	کتاب شما	your book کتابت	کتاب تو
their book کتابشان	کتاب آنها	his/her book کتابش	کتاب او

2: 13

2. Present Perfect Tense حال کامل

The present perfect is used to indicate that an action has taken place in the past and its effects (or the action itself) continue until present. To conjugate a verb in the present perfect, the short form of the verb بودن is added to the past participle of the verb being conjugated. To form the past participle of a verb we only have to add a ه to the past stem. Here are the conjugations of the verbs رفتن *to go* and تماشا کردن *to watch*.

to go رفتن

(past participle) رفته   (past stem) رفت   (infinitive) رفتن

	Singular	Plural
1st person	من رفته + ام	ما رفته + ایم
2nd person	تو رفته + ای	شما رفته + اید
3rd person	او رفته + است	آنها رفته + اند

to watch تماشا کردن

(past participle)تماشا کرده   (past stem) تماشا کرد   (infinitive) تماشا کردن

	Singular	Plural
1st person	من تماشا کرده‌ام	ما تماشا کرده‌ایم
2nd person	تو تماشا کرده‌ای	شما تماشا کرده‌اید
3rd person	او تماشا کرده است	آنها تماشا کرده‌اند

Example مثال:

We **have seen** this movie. ما این فیلم را **دیده‌ایم**.

To make the present perfect negative we add a ن before the verb.

I **have** never **been** to China. من هیچوقت در چین **نبوده‌ام**.

I **have not eaten** yet. من هنوز **غذا نخورده‌ام**.

2: 14

3. Past Perfect Tense گذشتهٔ کامل

The past perfect tense is used to indicate an action in the past which took place prior to another event. To conjugate a verb in the past perfect, the past tense of the verb بودن is added to the past participle of the verb.

رسیدن

من رسیده بودم	ما رسیده بودیم
تو رسیده بودی	شما رسیده بودید
او رسیده بود	آنها رسیده بودند

Example مثال:

وقتی نسرین آمد رابرت **رفته بود.**
When Nasrin came Robert **had** [already] **left.**

دیروز ساعت هشت به تو تلفن کردم که با هم شام بخوریم.
Yesterday I called you at eight so that we would eat dinner together.

من قبل از ساعت هشت شامم را **خورده بودم.**
I **had eaten** my dinner before eight.

2: 15

Vocabulary List [vāzheh nāmeh] واژه‌نامه

they had brought	آورده بودند
from	از
most	اکثر
you came back	برگشتی
before, ago	پیش
until	تا
almost	تقریبا
about / about two hours	حدود / در حدود دو ساعت
we spoke, we talked	حرف زدیم
I had slept	خوابیده بودم
I have read	خوانده‌ام
story	داستان
they have made	درست کرده‌اند
I have seen	دیده‌ام
restaurant	رستوران
we danced	رقصیدیم
dinner	شام
I have heard	شنیده‌ام
food	غذا
we ate	غذا خوردیم
I was busy (I had work)	کار داشتم
which one	کدام‌یک
unfortunately	متاسفانه
party	مهمونی / مهمانی
we sat	نشستیم
last week	هفتهٔ پیش
never	هیچوقت

Exercises

Exercise 7.1. Read Conversation 7.1 and answer the following questions:

۱. چرا الکس به مهمانی خانم رضایی نرفت؟

_____

۲. آقای کریمی با کی به مهمانی خانم رضایی رفت؟

_____

۳. شهین کِی به خانه برگشت؟

_____

Exercise 7.2. Read Conversation 7.2 and answer the following questions:

۱. رابرت کدامیک از کتاب‌های صادق هدایت را خوانده است؟

_____

۲. آیا رابرت فیلم "داش آکل" را دیده است؟

_____

Exercise 7.3. In each column circle the word that does not belong.

استاد	بوف کور	تقریبا
رقصیدن	غذا خوردن	متاسفانه
دانشجو	داش آکل	برگشتن

Exercise 7.4. Rewrite the following sentences using the attached forms of pronouns.

۱. ماشین من خراب است.

___

۲. آپارتمان من کوچک است.

___

۳. کلاس‌های من سخت‌اند.

___

Exercise 7.5. Complete the following conversations with the present perfect of the given verbs.

۱. تو کدام‌یک از کتاب‌های صادق هدایت را خوانده‌ای؟

من فقط کتاب **بوف کور** را ______ (خواندن).

۲. تا حالا فیلم ایرانی دیده‌اید؟

بله. من فیلم‌های **رگبار** و **دونده** را ______ (دیدن).

۳. چند بار به ایران مسافرت کرده‌اید؟

من هیچ‌وقت به ایران _____ (مسافرت کردن negative).

Exercise 7.6. Complete the following conversations with the past perfect of the given verbs.

۱. چرا با ما به رستوران نیامدی؟

برای اینکه قبلاً _____ (غذا خوردن).

۲. دیشب ساعت ده به تو تلفن کردم. چرا جواب ندادی؟

چون _____ (خوابیدن).

۳. تو هفتهٔ پیش مهمانی خانم رضایی رفتی؟

آره

نسرین را دیدی؟

نه. وقتی من رسیدم نسرین _____ (رفتن).

Exercise 7.7. Conjugate the verbs in parentheses to complete the sentences.

۱. من تا حالا در فرانسه _____ (زندگی کردن).

۲. رابرت و نسرین تا حالا به رستوران ایتالیایی _____ (رفتن).

۳. الکس دیروز ساعتِ پنج به خانهٔ ما _____ (آمدن).

۴. شما تا حالا رمان فارسی _____ (خواندن)؟

۵. وقتی شهین به شیراز رسید الکس از آنجا ____________ (رفتن).

۶. کلاس ما هر روز ساعت ده ____________ (شروع شدن).

Exercise 7.8. Use the verbs in parentheses to complete the sentences.

۱. دیروز تعطیل بود و ما کلاس ____________ (داشتن).

۲. من سه بار (three times) به آفریقا ____________ (مسافرت کردن).

۳. دانشجوها از دیروز تا حالا برای امتحان ____________ (درس خواندن)____________.

2: 16

Exercise 7.9. Listening comprehension

Listen to the conversation between Shahin and Alex, and then choose the correct answers to the following questions.

1. When did Alex call Shahin?
   a) Seven p.m.
   b) Eight p.m.
   c) Eight a.m.

2. What does Shahin think about the movie?
   a) It was very good.
   b) It was not very good.
   c) She liked it.

3. What did they do after the movie?
   a) They went to a restaurant.
   b) They went to the university.
   c) They returned home and talked.

If you have difficulty understanding some of the words read the conversation below:

Text for Exercise 7.9

الکس: دیشب ساعت هشت تلفن کردم خونه نبودی.

شهین: آره، رفته بودم سینما.

الکس: با کی؟

شهین: با دو تا از دوست‌های قدیمی‌ام.

الکس: چطور بود؟

شهین: فیلم زیاد خوب نبود ولی وقتی برگشتیم خونه، نشستیم و چند ساعت حرف زدیم.

الکس: دوست‌های تو دانشجواند؟

شهین: نه، تقریبا دو ساله که درسشان رو تموم کرده‌اند.

Exercise 7.10. Translate the following sentences.

1. Who has not come to class today?

_____

2. They have not returned from school yet.

_____

3. You have not worked today.

_____

4. She hasn't gone to school yet.

_____

Lesson Eight

درس هشتم

[dars-e hashtom]

In this lesson you will learn how to have friendly conversation about:
Clothing
Shopping for clothing

In this lesson you will learn the following grammar:
Comparative and superlative adjectives
Single-person verbs
Past continuous / progressive tense

Note: For each conversation in this lesson, first listen to the conversation at regular speed a few times. Then listen to the following slower version and repeat the phrases during the pauses provided. Finally, try reading the conversation.

2: 17

Conversation 8.1

2: 18

Mr. Karimi and his wife have gone to Iran for their vacation. They are now in a clothing store and Mrs. Karimi wants to buy a suit.

فروشنده: دنبال چیز خاصی می‌گردید خانم؟
خانم کریمی: بله، دنبالِ یک کت و دامن می‌گردم ولی این چند تایی که اینجاً دارین خیلی جالب نیستند.
فروشنده: مدل‌های بهتر از این هم داریم. لطفا تشریف بیارید.

(خانم و آقای کریمی و فروشنده به قسمت دیگر فروشگاه می‌روند.)

فروشنده: این به نظرتون چطوره؟
خانم کریمی: بد نیست. سرمه‌ایش را ندارید؟
فروشنده: چرا. سایزتون چنده؟
خانم کریمی: سی و چهار کوچک.
فروشنده: بفرمایید تا اتاق پرو رو نشونتون بدم.

(بعد از پوشیدن کت و دامن خانم کریمی از آقای کریمی می‌پرسد)

خانم کریمی: چطوره؟ به من میاد؟
آقای کریمی: آره، خیلی قشنگه.
خانم کریمی: ولی من از یقه‌اش زیاد خوشم نمیاد.

(خانم کریمی از فروشنده می‌پرسد)

خانم کریمی: قیمتش چقدره؟
فروشنده: ۱۲۰۰۰ تومان.
خانم کریمی: خیلی گرونه!

Conversation 8.1

Salesperson: Are you looking for something special Madam?
Mrs. Karimi: Yes I am looking for a jacket and a skirt but these few that you have are not very interesting.
Salesperson: We have styles better than this. Please come.

(Mr. and Mrs. Karimi and the salesperson go to another section of the store.)

Salesperson: How is this in your opinion?
Mrs. Karimi: It is not bad. You don't have it in dark blue?
Salesperson: Yes. What is your size?
Mrs. Karimi: 34 small.
Salesperson: Please come so that I may show you the fitting room.

(After putting it on Mrs. Karimi asks Mr. Karimi about it.)

Mrs. Karimi: How is it? Is it becoming of me?
Mr. Karimi: Yes, it is very beautiful.
Mrs. Karimi: But I don't like its collar very much.

(Mrs. Karimi speaks to the Salesperson.)

Mrs. Karimi: What is its price?
Salesperson: 12000 Tomans.
Mrs. Karimi: It is very expensive!

"Bookish" versions of the conversation

Conversation 8.1

فروشنده: دنبال چیزِ خاصی می‌گردید خانم؟

خانم کریمی: بله، دنبالِ یک کت و دامن می‌گردم ولی این چند تایی که اینجا داریدِ خیلی جالِب نیستند.

فروشنده: مدل‌های بهتر از این هم داریم. لطفا تشریف بیاورید.

(خانم و آقای کریمی و فروشنده به قسمت دیگر فروشگاه می‌روند.)

فروشنده: این به نظرتانِ چطور است؟

خانم کریمی: بد نیست. سرمه‌ایش را ندارید؟

فروشنده: چرا. سایزتانِ چند است؟

خانم کریمی: سی و چهار کوچک.

فروشنده: بفرمایید تا اتاق پرو را نشانتانِ بدهم.

(بعد از پوشیدن کت و دامن خانم کریمی از آقای کریمی می‌پرسد)

خانم کریمی: چطور است؟ به من میآید؟

آقای کریمی: آره، خیلی قشنگ است.

خانم کریمی: ولی من از یقه‌اش زیاد خوشم نمیآید.

(خانم کریمی از فروشنده می‌پرسد)

خانم کریمی: قیمتش چقدر است؟

فروشنده: ۱۲۰۰۰ تومان.

خانم کریمی: خیلی گرانِ است!

Lesson Eight

Grammar

1. Comparative and Superlative Adjectives صفت‌های تفضیلی و عالی

To form comparative adjectives, a تر is added to the adjective. To form the superlative, ین is added to the comparative. Here are some examples:

خوب	خوبتر / بهتر	خوبترین / بهترین
good	better	best

There are two equivalents for the word "*good*" in Persian: خوب and به.

به is never used as a simple adjective but for comparative and superlative forms بهتر and بهترین are more common than خوبتر and خوبترین.

بد	بدتر	بدترین
bad	worse	worst

باهوش	باهوش‌تر	باهوش‌ترین
intelligent	more intelligent	most intelligent

زیبا	زیباتر	زیباترین
beautiful	more beautiful	most beautiful

Example مثال :

نسرین از رابرت **باهوش‌تر** است.
Nasrin is **more intelligent** than Robert.

فارسی از عربی **آسان‌تر** است.
Persian is **easier** than Arabic.

Note that the superlative adjective is always placed before the noun:

نسرین **بهترین** دانشجوی کلاس است.
Nasrin is the **best** student in class.

2:19

2. Single-Person or Impersonal Verbs فعل‌های یک شخصه

In these structures the verb is always conjugated for the third person singular. The Persian equivalent of the subject of the English sentence is the attached pronoun. For example, in the sentence از این کتاب خوشم می‌آید *I like this book* the verb, می‌آید, is conjugated in the third person singular and the pronoun مَ attached to the word خوش indicates the subject. The literal translation of the sentence is: *This book is pleasing to me.* Here are two more examples:

I like this shirt.	(من) از این پیراهن خوشم می‌آید.
She/he likes this shirt.	(او) از این پیراهن خوشش می‌آید.

I like this book.	(من) از این کتاب خوشم می‌آید.
You like this book.	(تو) از این کتاب خوشت می‌آید.
She/he likes this book.	(او) از این کتاب خوشش می‌آید.
We like this book.	(ما) از این کتاب خوشمان می‌آید.
You like this book.	(شما) از این کتاب خوشتان می‌آید.
They like this book.	(آنها) از این کتاب خوششان می‌آید.

2:20

Two additional verbs دو فعل دیگر

بد آمدن (از)

I dislike cloudy weather.	من از هوای ابری بدم می‌آید.

Another impersonal or single-person verb is خواب آمدن. Again, the literal translation of a sentence like خوابم می‌آید is *sleep is coming to me*. The idiomatic translation is *I feel sleepy*.

خواب آمدن

بچه‌ها خوابشان می‌آید. Children feel sleepy.

3. Past Continuous / Habitual / Progressive گذشتهٔ استمراری

To form these verbs we place a می before the simple past tense.

رفتن (infinitive) رفتم (simple past) می‌رفتم (past continuous)

وقتی بچه بودم هر روز عصر به خانهٔ پدربزرگم می‌رفتم.
When I was a kid I **used to go** to grandfather's house every afternoon.

وقتی به خانه رسیدم برادرم تلویزیون تماشا می‌کرد.
When I arrived home my brother **was watching** television.

Past progressive emphatic

Similar to the present progressive (Lesson 6), in order to emphasize the progressivity of an action in the past we place the simple past tense of the verb داشتن before the past continuous.

وقتی تلفن کردی داشتم نامه می‌نوشتم.
When you called I **was [in the process of] writing** a letter.

وقتی به خانه رسیدم بچه‌ها داشتند شام می‌خوردند.
When I arrived home children **were [in the process of] having** dinner.

2: 22

Vocabulary List [vāzheh nāmeh] واژه‌نامه

fitting room	اتاق پرو
these few	این چند تا
section	بخش
to dislike	بد آمدن از
after	بعد / بعد از
[please] come	بفرمایید
Does it suit me?	به من میاد / می‌آید؟
grandfather	پدر بزرگ
to wear	پوشیدن
rich	پولدار
shirt	پیراهن
until	تا
please come	تشریف بیارید / بیاورید
Toman (Iran's currency)	تومان
why	چرا
What a beautiful shirt!	چه پیرهن قشنگی!
sale	حراج
to become sleepy	خواب آمدن
I don't like	خوشم نمیاد / نمی‌آید
behind	دنبال
to look for something	دنبالِ چیزی گشتن
Are you looking for something?	دنبالِ چیزی می‌گردید؟
women's	زنونهَ / زنانه
size	سایز
dark blue	سرمه‌ای
store	فروشگاه
salesperson	فروشنده
section	قسمت
price	قیمت
clothes	لباس
please	لطفا
model, style	مدل
men's	مردونه / مردانه

Lesson Eight 153

مطمئنم / مطمئن هستم	I am sure
می‌پرسد	s/he asks
می‌فروشند	they sell
نزدیک	near
نو	new
یقه	collar

Exercises

Exercise 8.1. Read Conversation 8.1 and answer the following questions.

۱. خانم کریمی دنبال چه جور لباسی می‌گردد ؟

---

۲. سایز خانم کریمی چند است ؟

---

۳. خانم کریمی از کجای لباس خوشش نمی‌آید ؟

Exercise 8.2. In each column circle the word that does not belong.

فروشنده	کت	خوابم می‌آد	مردانه
خریدار	دامن	دوست دارم	زنانه
خاص	شلوار	بدم می‌آد	بچگانه
فروشگاه	سایز	خوشم می‌آد	حراج

Exercise 8.3. Two children are talking about their fathers. Complete the conversation by using one of the adjectives given in the comparative form. Note that the ه at the end of each sentence represents the colloquial conjugation of the verb *to be* in third person singular.

قشنگ (beautiful)　　نو (new)　　بزرگ (big)　　پولدار (rich)

بچّهٔ اوّل: بابام دیروز یک ماشین نو خرید. خیلی از ماشین شما
________ ه.

Lesson Eight

بچهٔ دوّم: ولی بابای من از بابای تو _____ ه.

بچّهٔ اوّل: اگر بابای تو پولدارتره پس چرا خونهٔ ما _____ ه؟

بچهٔ دوّم: چون خونهٔ ما _____ ه!

Exercise 8.4. Complete the following short conversations by using the given impersonal expressions.

۱. شما از چه غذایی خوشتان می‌آید؟
من از غذای ژاپنی _____ (خوش آمدن).

۲. شما خسته هستید؟
نه. فقط _____ (خواب آمدن).

Exercise 8.5. Change the following sentences into past continuous.

۱. هر وقت تلفن می‌کنم دارد تلویزیون تماشا می‌کند.

دیروز وقتی _____

_____

۲. داری چکار می‌کنی؟

_____

۳. دارید کجا میرید؟

_____

2:23
Exercise 8.6. Listening comprehension

Alex and Shahin are talking about Shahin's new shirt. Read the following questions. Then listen to the conversation and choose the correct answers.

1. Where did Shahin get her shirt?
    a) She received it as a gift.
    b) She bought it from a store near her house.
    c) She bought it from a famous store.

2. What does Alex think?
    a) He thinks it is a good buy because Shahin paid only ten dollars.
    b) He thinks the shirt is not good and that is why it is cheap.
    c) He thinks she paid only ten dollars because it was on sale.

3. Does Shahin know if the store has men's shoes?
    a) No, because she did not check.
    b) Yes, she is sure they have men's shoes.
    c) Yes, she is sure they don't have them.

If you have difficulty understanding some of the words read the conversation below:

Text for Exercise 8.6

الکس: سلام.

شهین: سلام.

الکس: چه پیرهن قشنگی! از کجا خریدی؟

شهین: از یک فروشگاه نزدیک خونه‌مون.

الکس: چند خریدی؟

شهین: ده دلار.

الکس: فقط ده دلار! چقدر ارزون!

شهین: آره، البته حراج بود.

الکس: شلوار و کفش مردونه هم داشتند؟

شهین: آره. البته من فقط بخش زنونه رو نگاه کردم ولی مطمئنم که لباس مردانه هم می‌فروشند.

Lesson Nine

درس نهم

[dars-e nohom]

In this lesson you will learn:
About Persian cuisine
How to order in a restaurant

**In this lesson you will
learn the following grammar:**
"keh" as relative pronoun and conjunction
Imperative tense
Conditional sentences

Note: For each conversation in this lesson, first listen to the conversation at regular speed a few times. Then listen to the following slower version and repeat the phrases during the pauses provided. Finally, try reading the conversation.

2: 24
Conversation 9.1
2: 25

Nasrin and Robert are in an Iranian restaurant in Los Angeles.

نسرین: من جوجه کباب می‌خورم. تو چی می‌خوری رابرت؟

رابرت: نمی‌تونم تصمیم بگیرم. هم چلوکباب کوبیده خوبه هم جوجه‌کباب.

نسرین: خوب یک چلوکباب می‌گیریم و یک جوجه‌کباب و با هم نصف می‌کنیم.

رابرت: آره، فکر خوبیه.

(گارسون می‌آید.)

نسرین: یک چلوکباب کوبیده و یک جوجه کباب و ...

گارسون: ببخشید. متاسفانه جوجه‌کبابمان تمام شده.

نسرین: قورمه سبزی‌تان چطور؟

گارسون: قورمه سبزی داریم.

نسرین: موافقی رابرت؟

رابرت: باشه.

نسرین: پس لطفا یک چلوکباب کوبیده و یک چلو خورش برای ما بیارید.

گارسون: نوشیدنی چی میل می‌کنید؟

نسرین: من دوغ می‌خورم.

گارسون: شما هم دوغ میل می‌کنید؟

رابرت: نه. من دوغ دوست ندارم. لطفا برای من یک پپسی بیارید.

گارسون: چَشم. سالاد چطور؟

نسرین: لطفا یک سالاد شیرازی هم بیارید.

گارسون: چشم.

Conversation 9.1

Nasrin: I'll eat *Jujehkabab*. What will you eat, Robert?

Robert: I cannot make a decision. Both *Chelokabab-e Kubideh* and *Jujehkabab* are good.

Nasrin: Well, we take one *Chelokabab* and one *Jujehkabab* and we share them.

Robert: Yes, it is a good idea.

(Waiter comes)

Nasrin: One *Chelokabab-e Kubideh* and one *Jujehkabab* and ...

Waiter: Excuse me. Our *Jujehkabab* is finished.

Nasrin: How about your *Ghormeh Sabzi*?

Waiter: We have *Ghormeh Sabzi*.

Nasrin: Do you agree Robert?

Robert: OK.

Nasrin: So please bring us one *Chelokabab-e Kubideh* and one *Ghormeh Sabzi*.

Waiter: What would you like to drink?

Nasrin: I'll have *dugh*. (*lit.*, I drink *dugh*.)

Waiter: Are you going to have *dugh*, too? (*lit.*, Will you also drink *dugh*?)

Robert: No, I don't like *dugh*. Please bring me a Pepsi.

Waiter: Sure. How about salad?

Nasrin: Please bring us a *Shirazi* salad.

Waiter: Sure.

"Bookish" versions of the conversation

Conversation 9.1

نسرین: من جوجه کباب می‌خورم. تو چی می‌خوری رابرت؟

رابرت: نمی‌توانم تصمیم بگیرم. هم چلوکباب کوبیده خوب است هم جوجه‌کباب.

نسرین: خوب یک چلوکباب می‌گیریم و یک جوجه‌کباب و با هم نصف می‌کنیم.

رابرت: آره، فکر خوبی است.

(گارسون می‌آید.)

نسرین: یک چلوکباب کوبیده و یک جوجه کباب و . . .

گارسون: ببخشید. متاسفانه جوجه‌کبابمان تمام شده.

نسرین: قورمه سبزی‌تان چطور؟

گارسون: قورمه سبزی داریم.

نسرین: موافقی رابرت؟

رابرت: باشد.

نسرین: پس لطفا یک چلوکباب کوبیده و یک چلو خورش برای ما بیاورید.

گارسون: نوشیدنی چی میل می‌کنید؟

نسرین: من دوغ می‌خورم.

گارسون: شما هم دوغ میل می‌کنید؟

رابرت: نه. من دوغ دوست ندارم. لطفا برای من یک پپسی بیاورید.

گارسون: چَشم. سالاد چطور؟

نسرین: لطفا یک سالاد شیرازی هم بیاورید.

گارسون: چشم.

Grammar

2: 26

1. Using *keh* "که" استفاده از

The word *keh* can have different meanings and functions. It can mean *when* or *that* (as a conjunction) or *who* or *which*. Here are some examples:

الف) "که" به معنای "وقتی" (*keh*, when it means "when")

مثال: احمد که بیاید میرویم.

When Ahmad comes we will go.

ب) "که" به عنوان حرف ربط (*keh*, when it functions as a conjunction)

مثال: می‌دانم که شما نمی‌آیید.

I know that you are not coming.

ج) "که" به عنوان ضمیر جانشین

(*keh*, when it functions as a relative pronoun)

مثال: خانمی که آمد استاد من بود.

The woman who came was my professor.

2:27

2. Imperative فعل امری

Imperatives are verbs used to give commands. For example: Come!, Don't go!, Take!. If you place a ب before the present stem of a verb you will have the imperative form for the second person singular. To form the imperative for the first person plural, add یم to the second person singular; for the second person plural, add ید to the second person singular.

گرفتن to take / infinitive   گیر present stem

Take! (*2nd pers. sing.*)	بگیر!
Let's take! (*1st pers. pl.*)	بگیریم!
Take! (*2nd pers. pl.*)	بگیرید!

آمدن

بیا!
بیاییم!
بیایید!

The imperative form of compound verbs follows the same rules. Note that the ب can often be omitted.

کار کردن to work

کار بکن / کار کن!
کار بکنیم / کار کنیم!
کار بکنید / کار کنید!

To make an imperative verb negative the ب is replaced with a ن.

مثال:

بگیر	take!	نگیر	don't take!
کار بکن / کار کن	work!	کار نکن	don't work!
بیا!	come!	نیا!	don't come!

2:28

3. Conditional Sentences جمله‌های شرطی

Conditional sentences are sentences which describe possible situations and their consequences. They usually include two clauses, the "if clause" and the "then clause." For example: "*If he comes (then) we will go to the movies.*" In Persian all conditional sentences are introduced by اگر (*if*). There are many different types of conditional sentences in Persian. Here we mention only a few of them.

To express possible conditions referring to the future:

a) Use simple past or subjunctive (subjunctive will be studied in the next chapter) in the "if clause"

اگر اکبر **آمد** با هم به سینما می‌رویم.

If Akbar **comes** we will go to the movies together.

اگر اکبر **بیاید** با هم به سینما می‌رویم.

If Akbar **comes** we will go to the movies together.

b) Use simple present tense in the "if clause" if you are referring to an action that may be taking place at the present time.

اگر درس می‌خواند بعداً به او تلفن می‌کنم.

If (since) he is studying I will call him/her later.

اگر به کتابخانه می‌روی لطفا این کتاب را هم ببر!

If (since) you are going to the library please take this book too.

2: 30

Vocabulary List [vāzheh nāmeh] واژه‌نامه

omelette	املت
so much	اینهمه
excuse me	ببخشید
for	برای
to take; to win	بردن
(you) bring! (*2nd person plural*)	بیارید / بیاورید
waiter, waitress	پیشخدمت
to decide	تصمیم گرفتن
chicken barbecue	جوجه‌کباب
yes, right away	چَشم
rice and stew	چلو خورش
rice and grilled meat	چلوکباب
yourself (*2nd pers. sing.*)	خودت
chicken dish	خوراک مرغ
to make, to fix, to prepare	درست کردن
to like, to love	دوست داشتن
yogurt drink	دوغ
cucumber and tomato salad	سالاد شیرازی
fried	سرخ کرده
soup	سوپ
potato	سیب زمینی
dinner	شام
breakfast	صبحانه
thought	فکر
mushroom	قارچ
vegetable and meat stew	قورمه سبزی
waiter	گارسون
warm, hot	گرم
vegetarian	گیاهخوار
meat	گوشت
to eat (polite form)	میل کردن
agreed	موافق

lunch	ناهار
to divide in half	نصف کردن
drink	نوشیدنی
Don't come!	نیا!

Exercises

Exercise 9.1. Read Conversation 9.1 and answer the following questions.

۱. چرا نسرین جوجه کباب نمی‌خورد؟

_____

۲. رابرت نوشیدنی چی می‌خورد؟

_____

۳. نسرین و رابرت چه غذاهایی سفارش می‌دهند؟

_____

Exercise 9.2. In each column circle the word that does not belong.

برنج	موافق	متاسفانه	پپسی
قورمه سبزی	مخالف	بدبختانه	پیش غذا
کباب	بی‌تفاوت	خوشبختانه	غذای اصلی
دوغ	میل کردن	ببخشید	سالاد

Exercise 9.3. Connect the following sentences by using "*keh*."

۱. مرد آمد. / مرد دوست من بود.

_____

۲. پدر و مادر من آپارتمان خریدند. / آپارتمان کوچک بود.

Exercise 9.4. At the university cafeteria, Nasrin is not feeling well and Robert is giving her advice. Complete his sentences by conjugating the verbs in the imperative.

۱. برو خانه و یک سوپ گرم _____ (خوردن) و _____ (خوابیدن).

۲. فردا دانشگاه _____ (آمدنnegative).

۳. زیاد درس _____ (خواندنnegative).

Exercise 9.5. Complete the following short conversations with the given verbs.

۱. اگر یک میلیون دلار ببَری چکار می‌کنی؟
اگر یک میلیون دلار ببرم اول یک خانه برای پدر و مادرم _____ (خریدن) .

۲. اگر مهمان‌هایت _____ (آمدنnegative) با اینهمه غذا چکار می‌کنی؟
اگر مهمان‌هایم نیایند همهٔ غذاها را خودم _____ (خوردن) .

Exercise 9.6. Translate the following sentences.
1. If I see them I will tell them.

---

2. If you (*2nd pers. sing.*) go to the movies take him, too.

2: 29

Exercise 9.7. Listening comprehension

Zhaleh goes to Amir's apartment and finds him busy cooking. Read the following questions. Then listen to the conversation and choose the correct answers.

1. Why is Amir busy cooking?
    a) He has invited his friends for dinner.
    b) He is making dinner for himself.
    c) He is cooking for himself and Zhaleh.

2. What is he cooking?
    a) Chicken, French fries, and an omelette
    b) Chicken, French toast, and an omelette
    c) Chicken with mushroom, French fries, and an omelette

3. Why does he prepare an omelette and chicken?
    a) Because his friends eat a lot.
    b) Because Zhaleh does not like omelettes.
    c) Because one of his friends is vegetarian.

If you have difficulty understanding some of the words read the conversation below.

Text for Exercise 9.7

ژاله:	چکار داری می‌کنی؟
امیر:	دارم غذا درست می‌کنم.
ژاله:	اینهمه غذا برای خودت؟
امیر:	نه. امشب سه تا از دوستهام برای شام میان اینجا.
ژاله:	چی می‌خواهی درست کنی؟
امیر:	خوراک مرغ، سیب زمینی سرخ کرده . یک املت قارچ. . .
ژاله:	هم مرغ هم املت؟
امیر:	آره. چون یکی از دوستهام گوشت نمی‌خوره. گیاهخواره.

Lesson Ten

درس دهم

[dars-e dahom]

In this lesson you will learn how to talk about:
Future plans

In this lesson you will learn the following grammar:
Subjunctive mood
Future tense

Note: For each conversation in this lesson, first listen to the conversation at regular speed a few times. Then listen to the following slower version and repeat the phrases during the pauses provided. Finally, try reading the conversation.

2:31
Conversation 10.1
2:32

Shahin and Alex are talking about the marriage of Nasrin and Robert.

شهین: شنیده‌ای که نسرین و رابرت می‌خوان ازدواج کنند؟

الکس: نه! کِی؟

شهین: به محض اینکه ترم بهار تموم بشه.

الکس: جشن عروسی را کجا می‌خوان بگیرند؟

شهین: همین جا. خانواده‌هاشون میان اینجا.

الکس: عالیه. پس ما هم می‌تونیم در عروسی‌شان شرکت کنیم.

شهین: آره. اتفاقا دیشب با نسرین صحبت می‌کردم. گفت تصمیم گرفته‌اند تمام همکلاسی‌ها را دعوت کنند. دارند دعوتنامه‌ها را آماده می‌کنند.

الکس: ماه عسل کجا می‌خوان برن؟

شهین: رابرت دلش می‌خواد برن مکزیک ولی نسرین فرانسه را ترجیح می‌ده. هنوز معلوم نیست. البته شاید هم همین جا بمونند چون پول ندارند!

الکس: نگاه کن! نسرین و رابرت دارن میان. بریم به اونها تبریک بگیم.

Conversation 10.1

Shahin: Have you heard that Nasrin and Robert want to get married?

Alex: No, when?

Shahin: As soon as the spring semester is finished.

Alex: Where do they want to have the wedding ceremony?

Shahin: Right here. Their families will come here.

Alex: Wonderful! So we can participate in their wedding too.

Shahin: Yes, actually last night I was talking with Nasrin and she was saying that they have decided to invite all the classmates. They are preparing invitations.

Alex: Where do they want to go for the honeymoon?

Shahin: Robert wants them to go to Mexico but Nasrin prefers France. It is not clear yet. Of course, perhaps they will stay here because they don't have money!

Alex: Look! Nasrin and Robert are coming. Let's go and congratulate them.

"Bookish" versions of the conversation

Conversation 10.1

شهین: شنیده‌ای که نسرین و رابرت می‌خواهند ازدواج کنند؟

الکس: نه! کِی؟

شهین: به محض اینکه ترم بهار تمام بشود.

الکس: جشن عروسی را کجا می‌خواهند بگیرند؟

شهین: همین جا. خانواده‌هاشان میآیند اینجا.

الکس: عالیه. پس ما هم می‌توانیم در عروسی‌شان شرکت کنیم.

شهین: آره. اتفاقا دیشب با نسرین صحبت می‌کردم. گفت تصمیم گرفته‌اند تمام همکلاسی‌ها را دعوت کنند. دارند دعوتنامه‌ها را آماده می‌کنند.

الکس: ماه عسل کجا می‌خواهند بروند؟

شهین: رابرت دلش می‌خواهد بروند مکزیک ولی نسرین فرانسه را ترجیح می‌دهد. هنوز معلوم نیست. البته شاید هم همین جا بمانند چون پول ندارند!

الکس: نگاه کن! نسرین و رابرت دارند میآیند. برویم به آنها تبریک بگوییم.

Grammar

Subjunctive Mood: In Persian the subjunctive mood is used to express desires, wishes, obligation, and doubt. Subjunctive has two tenses: present and past. In this section we will study present subjunctive.

2: 33

1. Present Subjunctive حال التزامی

To make present subjunctive use the following formula:
برای ساختن حالِ التزامی از فرمول زیر استفاده می‌کنیم.

ب + present stem + personal endings

to sell فروختن

من ب + فروش + َم	بفروشم	ما ب + فروش + یم	بفروشیم
تو ب + فروش + ی	بفروشی	شما ب + فروش + ید	بفروشید
او ب + فروش + د	بفروشد	آنها ب + فروش + ند	بفروشند

to buy خریدن

من بخرم	ما بخریم
تو بخری	شما بخرید
او بخرد	آنها بخرند

The subjunctive is used in the following situations:

a) To express an element of doubt. For example:

ممکن است **بیاید**.

She might come. (*Lit.*, It is possible that she comes.)

b) After خواستن and توانستن. For example:

می‌خواهد به یک محلهٔ آرامتر **برود**.

He wants to go to a quieter neighborhood.

امشب نمی‌توانم به سینما **بروم**.

Tonight, I cannot go to the movies.

c) To express purpose. For example:

تصمیم گرفته‌اند برای ماه عسل‌شان به فرانسه **بروند**.
They have decided to go to France for their honeymoon.

d) After باید (*must, ought*) and شاید (*perhaps*). For example:

باید به یک محلهٔ آرامتر **بروم**.
I must go a quieter neighborhood.

شاید به فرانسه **برویم**.
Perhaps we will go to France.

2. Future Tense زمان آینده

To form the future tense first we conjugate the verb خواستن (*to want*) in present indicative. Then we drop the prefix می and add the past stem of the main verb.

خواهم آمد.	I will come.
خواهند رفت.	They will go/leave.

When conjugating a compound verb in the future tense, the auxiliary verb خواستن is always placed between the two parts of the compound verb.

کار خواهیم کرد. We will work.

To make the future tense negative, a ن is added as a prefix to the verb خواستن.

نخواهم آمد.	I will not come.
نخواهند رفت.	They will not go/leave.

کار نخواهیم کرد. We will not work.

2:35

Vocabulary List [vāzheh nāmeh] واژه‌نامه

quiet	آرام
to prepare	آماده کردن
accidentally, incidentally	اتفاقا
to get married	ازدواج کردن
after, then	بعد
ticket	بلیط
as soon as	به محض
money	پول
to save money	پول جمع کردن
to find	پیدا کردن
to congratulate	تبریک گفتن
to prefer	ترجیح دادن
to decide	تصمیم گرفتن
place	جا
celebration	جشن
to buy	خریدن
to invite	دعوت کردن
letter of invitation	دعوتنامه
s/he wants	دلش می‌خواد / می‌خواهد
last night	دیشب
perhaps	شاید
to participate	شرکت کردن
Have you heard?	شنیده‌ای؟
to talk	صحبت کردن
excellent	عالی
to sell	فروختن
price	قیمت
honeymoon	ماه عسل
clear, obvious	معلوم
possible	ممکن
suitable	مناسب

to look	نگاه کردن
not yet	نه هنوز
as soon as possible	هر چه زودتر
next week	هفتهٔ دیگر
classmate	هم‌کلاسی
right here	همین جا

Lesson Ten

Exercises

Exercise 10.1. Read Conversation 10.1 and answer the following questions.

۱. الکس چطور می‌فهمد که رابرت و نسرین می‌خواهند ازدواج کنند؟

_____

۲. چرا الکس خوشحال است؟

_____

۳. رابرت و نسرین کِی عروسی می‌کنند؟

_____

۴. چه کسانی به جشن عروسی دعوت می‌شوند؟

_____

۵. رابرت و نسرین ماه عسل کجا می‌روند؟

_____

Exercise 10.2. In each column circle the word that does not belong.

ماه آبان	وقتی که	دوست داشتن	ازدواج
ماه عسل	موقعی که	ترجیح دادن	طلاق
ماه بهمن	جایی که	خوش آمدن	جدایی
ماه اسفند	به محض اینکه	تصمیم گرفتن	دعوت

Exercise 10.3. For each word in the right column find an antonym in the left column.

تمام کردن	عروسی
همه	خوش آمدن
بد آمدن	حتما
شاید	شروع کردن
طلاق	هیچکس

2:36

Exercise 10.4. Listening comprehension

Robert and Nasrin have decided to move after their marriage. Robert is talking to Shahin about the place they are going to rent. Listen to their conversation and choose the correct answers to the questions below.

1. Where will Nasrin and Robert go after their marriage?
   a) They will stay in Texas.
   b) They will go to California.
   c) They will go to New York.

2. Where are they going to live?
   a) In a small house.
   b) In a small apartment.
   c) They will stay with Nasrin's parents.

3. Why don't they go to a better neighborhood?
    a) Because they like their apartment.
    b) Because they want to be with Nasrin's parents.
    c) Because they do not have enough money.

If you have difficulty understanding some of the words, read the conversation below.

Text for Exercise 10.4

شهین: بعد از ازدواج همین جا میمونید؟

رابرت: نه. ما تصمیم گرفته‌ایم بعد از ازدواج به نیویورک بریم. پدر و مادر نسرین یک آپارتمان برای ما پیدا کرده‌اند که قیمتش خیلی مناسبه.

شهین: آپارتمان بزرگه؟

رابرت: نه. خیلی کوچیکه. یک اتاق خواب، یک اتاق نشیمن، یک آشپزخونه و یک حمام و دستشویی کوچیک داره.

شهین: محلّه‌تون چطوره؟

رابرت: خیلی شلوغه.

شهین: چرا به یک محلّهٔ بهتر نمیرید؟

رابرت: محلّه‌های بهتر گرونتره. الآن نمی‌تونیم. می‌خواهیم یک سال در این آپارتمان بمونیم و کمی پول جمع کنیم و بعد به یک محلّهٔ آرامتر بریم.

Exercise 10.5. Nasrin and Robert have decided to go to France for their honeymoon. Alex is asking Nasrin about their plans. Complete the conversation with the subjunctive forms of the given verbs.

الکس: ماه عسل کجا می‌روید؟

نسرین: تصمیم گرفته‌ایم __________ (رفتن) پاریس.

الکس: بلیط خریده‌اید؟

نسرین: نه هنوز.

الکس: باید هر چه زودتر _____ (خریدن).

نسرین: هفتهٔ دیگر می‌خریم.

الکس: راستی می‌خواهید در هتل _____ (ماندن)؟

نسرین: هنوز تصمیم نگرفته‌ایم. عموی من در پاریس زندگی می‌کند. شاید خانهٔ او _____ (ماندن).

Translation of Exercise 10.5

Alex: Where are you going for your honeymoon?

Nasrin: We have decided to go to Paris.

Alex: Have you bought the tickets?

Nasrin: Not yet.

Alex: You should buy them as soon as possible.

Nasrin: We'll buy them next week.

Alex: By the way, do you want to stay in a hotel?

Nasrin: We haven't decided yet. My uncle lives in Paris. Perhaps we will stay at his house.

Persian-English Glossary
واژه نامه فارسی- انگلیسی

cloudy	ابری
room	اتاق
fitting room	اتاق پرو
your (2nd pers. sing.) room	اتاقت / اتاقِ تو
bedroom	اتاق خواب
dining room	اتاق ناهار خوری
living room	اتاق نشیمن
accidentally, incidentally	اتفاقا
social, sociable	اجتماعی
last	آخر
literature / English literature	ادبیات / ادبیات انگلیسی
quiet	آرام
yes	آره
from	از
to get married	ازدواج کردن
easy	آسان / آسون
Spain	اسپانیا
professor	استاد
name	اسم
his/her name	اسمش / اسمِ او
kitchen	آشپزخانه
Mr., Sir	آقا
economy	اقتصاد
most	اکثر
of course	البتّه
to prepare	آماده کردن
exam	امتحان
exams	امتحانات
your exams	امتحانهات (امتحانهایت)
to come	آمدن

America	آمریکا
American	آمریکایی
this year	امسال
tonight	امشب
omelette	املت
she, he	او
to bring	آوردن
first	اوّل
that	اون / آن
him, her (*direct object*)	اونو / او را
Iran	ایران
Iranian	ایرانی
this	این
here	اینجا
these few	این چند تا
so much	اینهمه
with	با
dad	بابا
wind	باد
rain	باران
O.K.	باشه / باشد
intelligent	باهوش
must, should	باید
excuse (me)	ببخشید
section	بخش
especially	بخصوص
bad	بد
to dislike	بد آمدن از
for	برای
to take; to win	بردن
snow	برف
you came back	برگشتی
go (*1st person sg. subjunctive*)	برم، بروم
big	بزرگ
after, then	بعد / بعد از

Persian-English Glossary

afternoon	بعد از ظهر
please come	بفرمایید
ticket	بلیط
to	به
spring	بهار
to you	بهت / به تو
as soon as	به محض
does it suit me?	به من میاد / می‌آید؟
in my opinion	به نظر من
bring! (*2nd person plural*)	بیارید / بیاورید
impolite	بی‌تربیت
most of the time	بیشتر وقت‌ها
fall	پاییز
father	پدر
grandfather	پدر بزرگ
my parents	پدر و مادرم / پدرِ و مادرِ من
hardworking	پرکار
fly; flight	پرواز
the day before yesterday	پریروز
then, so	پس
boy; son	پسر
five	پنج
window	پنجره
Thursday	پنجشنبه
to wear	پوشیدن
money	پول
to save money	پول جمع کردن
rich	پولدار
to find	پیدا کردن
shirt	پیراهن
before, ago	پیش
waiter, waitress	پیشخدمت
to me, to my place	پیشِ من
until	تا
summer	تابستان

history	تاریخ
to congratulate	تبریک گفتن
to prefer	ترجیح دادن
semester	ترم
please come	تشریف بیارید / بیاورید
to decide	تصمیم گرفتن
almost	تقریبا
I call	تلفن می‌کنم
T.V.	تلویزیون
we watch	تماشا می‌کنیم
it ends	تمام میشه / تمام می‌شود
you (2nd *person sg.*)	تو
to be able to	توانستن
Toman (Iran's currency)	تومان
place	جا
interesting	جالب
sociology	جامعه شناسی
serious	جدی
celebration	جشن
geography	جغرافی
Friday	جمعه
chicken barbecue	جوجه‌کباب
why	چرا
yes, right away	چَشم
how	چطور
how was it (*lit.*, how did it become)	چطور شد؟
how are you?	چطوری؟
what are you doing?	چکار می‌کنی؟
rice and stew	چلو خورش
rice and grilled meat	چلوکباب
how many	چند / چند تا
because	چون
what	چه
four	چهار

Persian-English Glossary

چهارشنبه	Wednesday
چی	what
حال	condition, health
حالا	now
حال شما چطوره؟	How are you?
حدود / در حدود دو ساعت	about / about two hours
حراج	sale
حرف زدیم	we spoke, we talked
حمام	bathroom
حیف	it is a pity
خانم	Madam
خانواده	family
خانه	house
خداحافظ	good-bye
خریدن	to buy
خستگی درمی‌کنم	I rest
خسته	tired
خواب آمدن	to become sleepy
خوابگاه	dormitory
خوابیده بودم	I had slept
خواستن	to want
خوانده‌ام	I have read
خوب	good
خودت	yourself (*2nd pers. sing.*)
خوراک مرغ	chicken dish
خوشحال	happy
خوشگل	beautiful
خوشم نمیاد / نمی‌آید	I don't like
خونه / خانه	house
خیلی	very
داستان	story
دانشجو / دانشجویان	(university) student / students
دانشگاه	university
دختر	girl; daughter

in	در
lesson	درس
I studied	درس خوندم / درس خواندم
I study, I am studying	درس می‌خونم / درس می‌خوانم
to make, to fix, to prepare	درست کردن
they have made	درست کرده‌اند
December	دسامبر
toilet	دستشویی
to invite	دعوت کردن
letter of invitation	دعوت‌نامه
notebook	دفتر
minute	دقیقه
doctor	دکتر
s/he wants	دلش می‌خواد / می‌خواهد
behind	دنبال
to look for something	دنبالِ چیزی گشتن
are you looking for something?	دنبالِ چیزی می‌گردید؟
two	دو
friend	دوست
I like, I love	دوست دارم
to like, to love	دوست داشتن
likeable	دوست داشتنی
Monday	دوشنبه
two story	دو طبقه
yogurt drink	دوغ
second	دوم
other	دیگر
I have seen	دیده‌ام
yesterday	دیروز
last night	دیشب
wall	دیوار
quarter	ربع
restaurant	رستوران
to arrive	رسیدن
to go	رفتن

Persian-English Glossary

we danced	رقصیدیم
marker for specific dir. obj.	رو / را
psychology	روانشناسی
day / days	روز / روزها
winter	زمستان
woman; wife	زن
she/he lives	زندگی می‌کند
I live	زندگی می‌کنم
women's	زنونه / زنانه
a lot	زیاد
beautiful	زیبا
watch; hour	ساعت
what time	ساعتِ چند
year	سال
cucumber and tomato salad	سالاد شیرازی
size	سایز
difficult	سخت
red	سرخ
fried	سرخ کرده
cold	سرد
in class	سرِ کلاس
dark blue	سرمه‌ای
dog	سگ
hello	سلام
Tuesday	سه‌شنبه
movie theater	سینما
question	سوال
s/he asks questions	سوال می کنه/میکند
soup	سوپ
apple	سیب
potato	سیب زمینی
dinner	شام
perhaps	شاید
night, evening	شب
it begins	شروع میشه / شروع می‌شود

to participate	شرکت کردن
crowded	شلوغ
you (*2nd person pl.*)	شما
Saturday	شنبه
I have heard	شنیده‌ام
have you heard?	شنیده‌ای؟
chemistry	شیمی
morning	صبح
breakfast	صبحانه
to talk	صحبت کردن
chair	صندلی
floor	طبقه
which floor	طبقهٔ چندم
long	طولانی
it does not last	طول نمی‌کشه / طول نمی‌کشد
noon	ظهر
excellent	عالی
strange	عجیب
nervous	عصبی
late afternoon	عصر
it doesn't matter	عیبی نداره / عیبی ندارد
food	غذا
we ate	غذا خوردیم
Persian	فارسی
tomorrow	فردا
to sell	فروختن
store	فروشگاه
salesperson	فروشنده
season	فصل
only	فقط
thought	فکر
I think	فکر می‌کنم
philosophy	فلسفه
physics	فیزیک

Persian-English Glossary

movie	فیلم
mushroom	قارچ
old	قدیمی
section	قسمت
beautiful	قشنگ
the most beautiful	قشنگ‌ترین
vegetable and meat stew	قورمه سبزی
price	قیمت
I was busy (I had work)	کار داشتم
I work	کار می‌کنم
cafeteria	کافه تریا
California	کالیفرنیا
completely	کاملا
book	کتاب
library	کتابخونه / کتابخانه
where	کجا
from where	کجایی
where are you from?	کجایی هستی؟
which one	کدام‌یک
which	کدوم / کدام
class	کلاس
a little	کمی
next to him/her	کنارش/کنار او
small	کوچیک / کوچک
that	که
when	کِی
who	کی
waiter	گارسون
cat	گربه
warm, hot	گرم
expensive	گرون / گران
meat	گوشت
vegetarian	گیاهخوار
clothes	لباس

please	لطفا
mother	مادر
car	ماشین
belonging/belonging to me	مال / مالِ من
belonging to all	مال همه
mom	مامان
month, moon / months, moons	ماه / ماه‌ها
honeymoon	ماه عسل
unfortunately	متاسفانه
neighborhood	محلّه
your neighborhood	محله‌تون / محله‌تان
pencil	مداد
model, style	مدل
man	مرد
anthropology	مردم‌شناسی
men's	مردونه / مردانه
thanks	مرسی
patient	مریض
I am sure	مطمئنم / مطمئن هستم
teacher	معلم
clear, obvious	معلوم
usually	معمولا
possible	ممکن
suitable	مناسب
I must go	من باید برم
me too, I also	منهم / من هم
kind	مهربون / مهربان
party	مهمونی / مهمانی
I come	میام / می‌آیم
they come	میان / می‌آیند
you come	می‌آیی
s/he asks	می‌پرسد
I know	میدانم
it arrives	میرسه / می‌رسد
I go	میرم / می‌روم

Persian-English Glossary

you (*2nd pers. sing.*) go, you are going	میری / می‌روی
table	میز
you (*2nd pers. sing.*) know	می‌شناسی
it becomes	میشه / می‌شود
[they] sell	می‌فروشند
agreed	موافق
to eat (*polite form*)	میل کردن
they stay	میمونند / می‌مانند
unhappy	ناراحت
lunch	ناهار
near	نزدیک
to show	نشان دادن
sitting	نشسته
we sat	نشستیم
to divide in half	نصف کردن
to look	نگاه کردن
I cannot	نمی‌تونم / نمی‌توانم
I don't know	نمی‌دونم / نمی‌دانم
you (*2nd pers. sing.*) don't go	نمیری / نمی‌روی
new	نو
drink	نوشیدنی
no	نه
nine	نُه
not yet	نه هنوز
don't come!	نیا!
is not	نیست
I am not	نیستم
midnight	نیمه شب
every, each	هر
as soon as possible	هر چه زودتر
both	هر دو
eight	هشت
eight thirty	هشت و نیم
seven	هفت
week	هفته

last week	هفتهٔ پیش
next week	هفتهٔ دیگر
also	هم
roommate	هم‌اتاقی
classmate	هم‌کلاسی
always	همیشه
right here	همین جا
too; like this	همینطور
still, yet	هنوز
weather	هوا
never	هیچوقت
and	و
time	وقت
but	ولی
collar	یقه
one	یک
Sunday	یکشنبه

English-Persian Glossary
واژه نامه انگلیسی- فارسی

a little	کمی
a lot	زیاد
about	درحدود، دربارۀ
accidentally	اتفاقا
after	بعد، بعد از
afternoon	بعد از ظهر
ago	پیش
agreed	موافق
almost	تقریبا
also	هم
always	همیشه
America	آمریکا
American	آمریکایی
and	و
anthropology	مردم‌شناسی
apple	سیب
arrive *(v.)*	رسیدن
as soon as possible	هر چه زودتر
as soon as	به محض
bad	بد
bathroom	حمام
be able to *(v.)*	توانستن
beautiful	خوشگل، زیبا، قشنگ
because	چون
bedroom	اتاق خواب
before	پیش
behind	دنبال
belonging / belonging to me	مال / مالِ من
belonging to all	مال همه

be sleepy (*v.*)	خواب آمدن
big	بزرگ
book	کتاب
both	هر دو
boy	پسر
breakfast	صبحانه
bring! (you / *2nd person plural*)	بیارید / بیاورید
but	ولی
buy (*v.*)	خریدن
cafeteria	کافه تریا
California	کالیفرنیا
car	ماشین
cat	گربه
celebration	جشن
chair	صندلی
chemistry	شیمی
chicken barbecue	جوجه‌کباب
chicken dish	خوراک مرغ
class	کلاس
classmate	هم‌کلاسی
clear	معلوم
clothes	لباس
cloudy	ابری
cold	سرد
collar	یقه
come (*v.*)	آمدن
completely	کاملا
condition	حال
congratulate (*v.*)	تبریک گفتن
crowded	شلوغ
cucumber and tomato salad	سالاد شیرازی
dad	بابا
dark blue	سرمه‌ای
daughter	دختر
day	روز/ *pl.* روزها

December	دسامبر
decide (*v.*)	تصمیم گرفتن
difficult	سخت
dining room	اتاق ناهار خوری
dinner	شام
dislike (*v.*)	بد آمدن از
divide in half (*v.*)	نصف کردن
doctor	دکتر
dog	سگ
dormitory	خوابگاه
drink	نوشیدنی
easy	آسون / آسان
eat (*polite form, v.*)	میل کردن
economy	اقتصاد
eight	هشت
especially	بخصوص
every	هر
exam	امتحان / *pl.* امتحان‌ها
excellent	عالی
excuse (*v.*)	بخشیدن
expensive	گرون / گران
fall	پاییز
family	خانواده
father	پدر
find (*v.*)	پیدا کردن
first	اوّل
fitting room	اتاق پرو
five	پنج
fix (*v.*)	درست کردن
flight	پرواز
floor	طبقه
fly	پرواز
food	غذا
for	برای
four	چهار

Friday	جمعه
fried	سرخ کرده
from	از
from where	کجایی
geography	جغرافی
get married (*v.*)	ازدواج کردن
girl	دختر
go (*v.*)	رفتن
good	خوب
good-bye	خداحافظ
grandfather	پدر بزرگ
happy	خوشحال
hardworking	پرکار
he	او
health	حال
hello	سلام
her (*direct object*)	اونو /او را
here	اینجا
him (*direct object*)	اونو /او را
history	تاریخ
honeymoon	ماه عسل
hour	ساعت
house	خونه / خانه
how	چطور
how many	چند / چند تا
how was it (how did it become)	چطور شد؟
impolite	بی‌تربیت
in	در
in class	سرِ کلاس
in my opinion	به نظرِ من
incidentally	اتفاقا
intelligent	باهوش
interesting	جالب
invite (*v.*)	دعوت کردن

Iran	ایران
Iranian	ایرانی
kind	مهربون / مهربان
kitchen	آشپزخانه
last	آخر
last night	دیشب
last week	هفتهٔ پیش
late afternoon	عصر
lesson	درس
letter of invitation	دعوتنامه
library	کتابخونه / کتابخانه
like (*v.*)	دوست داشتن
likeable	دوست داشتنی
literature / English literature	ادبیات / ادبیات انگلیسی
living room	اتاق نشیمن
long	طولانی
look (*v.*)	نگاه کردن
look for (*v.*)	دنبال گشتن
love (*v.*)	دوست داشتن
lunch	ناهار
Madam	خانم
make (*v.*)	درست کردن
man	مرد
me too	منهم / من هم
meat	گوشت
men's	مردونه / مردانه
midnight	نیمه شب
minute	دقیقه
model	مدل
mom	مامان
Monday	دوشنبه
money	پول
month	ماه / *pl.* ماه‌ها
morning	صبح

most	اکثر
most of the time	بیشتر وقت‌ها
mother	مادر
movie	فیلم
movie theater	سینما
Mr.	آقا
mushroom	قارچ
must	باید
name	اسم
near	نزدیک
neighborhood	محلّه
nervous	عصبی
never	هیچ‌وقت
new	نو
next	کنار، بعد
night	شب
no	نه
noon	ظهر
not yet	نه هنوز
notebook	دفتر
now	حالا
O.K.	باشه / باشد
obvious	معلوم
of course	البتّه
old	قدیمی
omelette	املت
one	یک
only	فقط
other	دیگر
parents	پدر و مادر
my parents	پدر و مادرم / پدر و مادرِ من
participate (*v.*)	شرکت کردن
party	مهمونی / مهمانی
patient	مریض
pencil	مداد

English-Persian Glossary

perhaps	شاید
Persian	فارسی
philosophy	فلسفه
physics	فیزیک
place	جا
please	لطفا
please come	تشریف بیارید / بیاورید
possible	ممکن
potato	سیب زمینی
price	قیمت
prefer (*v.*)	ترجیح دادن
prepare (*v.*)	درست کردن
professor	استاد
psychology	روانشناسی
quarter	ربع
question	سوال
quiet	آرام
rain	باران
red	سرخ
restaurant	رستوران
rice and grilled meat	چلوکباب
rice and stew	چلو خورش
rich	پولدار
right here	همین جا
room	اتاق
roommate	هم‌اتاقی
sale	حراج
salesperson	فروشنده
Saturday	شنبه
save money (*v.*)	پول جمع کردن
season	فصل
second	دوم
section	بخش، قسمت
sell (*v.*)	فروختن
semester	ترم

serious	جدی
seven	هفت
she	او
shirt	پیراهن
show (*v.*)	نشان دادن
Sir	آقا
size	سایز
small	کوچیک / کوچک
snow	برف
so	پس
so much	اینهمه
sociable	اجتماعی
social	اجتماعی
sociology	جامعه شناسی
son	پسر
soup	سوپ
Spain	اسپانیا
spring	بهار
still	هنوز
store	فروشگاه
story	داستان
strange	عجیب
student (university)	دانشجو
style	مدل
suitable	مناسب
summer	تابستان
Sunday	یکشنبه
table	میز
take (*v.*)	بردن
talk (*v.*)	صحبت کردن
teacher	معلم
thanks	مرسی
that	اون / آن، که
then	بعد، بعد از، پس

these few	این چند تا
this	این
thought	فکر
Thursday	پنجشنبه
ticket	بلیط
time	وقت
tired	خسته
to	به
to you	بهت / به تو
toilet	دستشویی
Toman (Iranian currency)	تومان
tomorrow	فردا
tonight	امشب
too	همینطور
Tuesday	سه‌شنبه
TV	تلویزیون
two	دو
two-story	دو طبقه
unfortunately	متاسفانه
unhappy	ناراحت
university	دانشگاه
until	تا
usually	معمولا
vegetable and meat stew	قورمه سبزی
vegetarian	گیاهخوار
very	خیلی
waiter / waitress	پیشخدمت، گارسون
wall	دیوار
want (*v.*)	خواستن
warm	گرم
watch	ساعت
watch (*v.*)	تماشا کردن
wear (*v.*)	پوشیدن
weather	هوا

Wednesday	چهارشنبه
week	هفته
what	چی
when	کِی
where	کجا
which	کدوم / کدام
who	کی
why	چرا
wife	زن
win (*v.i*)	بردن
wind	باد
window	پنجره
winter	زمستان
with	با
woman	زن
women's	زنونه / زنانه
year	سال
yes	آره، چَشم
yesterday	دیروز
yet	هنوز
yogurt drink	دوغ
you (*2nd person pl.*)	شما
you (*2nd person sing.*)	تو
yourself (*2nd person sing.*)	خودت

Exercise Answer Key

THE PERSIAN ALPHABET

Exercise 2:

آ + ب	آب
ب + ا + ب + ا	بابا
ت + ا + ب	تاب
خ + ا + ج	خاج
ت + ا + ج	تاج

Exercise 3:

1) m	2) g	3) f	4) t	5) n	6) l
7) ch	8) j	9) z	10) z	11) q	12) h
13) ch	14) j	15) d	16) j	17) sh	18) z
19) h	20) z	21) z	22) ʻ	23) gh	

Exercise 4:

1)	آ + س + ت + ی + ن	آستین
2)	م + و + ز + ه	موزه
3)	گ + و + ش + ه	گوشه
4)	چ + ی + ن + ی	چینی
5)	د + ی + ن + ا + م + ی + ت	دینامیت
6)	چ + ا + ی	چای
7)	و + ی + س + ک + ی	ویسکی
8)	ل + ا + ل + ه	لاله
9)	د + ی + و	دیو

Exercise 5:

برای اولین بار در قارهٔ آمریکا تیم فوتبال پرسپولیس به همراه بازیکنان ملی‌پوش خود در کانادا مسابقات دوستانه زیر را برگزار می‌کند.

پرسپولیس با ونکور، دوم سپتامبر ۱۹۸۶

پرسپولیس با تورنتو، هفتم سپتامبر ۱۹۸۶

جهت تهیه بلیط به تیکت مستر یا فروشگاه‌های ایرانی مراجعه کنید.

Exercise 6:

۱) شیک chik

۲) فوت fut

۳) لوکس luks

۴) ماه māh

۵) هال hāl

۶) دادگاه dādgāh

۷) هاله hāleh

۸) آزاد āzād

۹) اوت ut

۱۰) ویتامین vitāmin

۱۱) یونان yunān

۱۲) آلی āli

۱۳) آسیا āsiā

۱۴) عالی āli

۱۵) هُتِل hotel

۱۶) زیبا zibā

۱۷) بَرف barf

۱۸) قاشُق qāshoq

۱۹) مأمور ma'mur

۲۰) مُتِأسِّفانه mote'assefāneh

Exercise 7:

۱) ت + ا	تا
۲) ش + ا + ه + ن + ا + م + ه	شاهنامه
۳) پ + د + ر	پدر
۴) چ + ر + ا + غ	چراغ
۵) ن + م + و + ن + ه	نمونه
۶) ف + ر + و + ش + گ + ا + ه	فروشگاه
۷) م + ن + ظ + و + ر	منظور
۸) ا + س + ت + ا + د	استاد
۹) ث + ل + ث	ثلث
۱۰) م + ک + ا + ل + م + ه	مکالمه

Exercise 8:

۱) م + ا	ما	۱۳) ل + ی + م + و	لیمو
۲) م + و	مو	۱۴) ط + و + ل	طول
۳) ت + و	تو	۱۵) ل + و + ک + س	لوکس
۴) ت + ا	تا	۱۶) ک + ا + ف + ی	کافی
۵) ت + ا + ج	تاج	۱۷) ف + ی + ل	فیل
۶) ج + ا + ز	جاز	۱۸) ک + ی + ف	کیف
۷) م + ی + ز	میز	۱۹) ف + ی + ل + م	فیلم
۸) ت + ی + ز	تیز	۲۰) ک + ا + ف + ه	کافه
۹) س + ا + ز	ساز	۲۱) م + و + ز + ه	موزه
۱۰) ج + ا + س + و + س	جاسوس	۲۲) م + ا + ه	ماه
۱۱) م + ا + س + ت	ماست	۲۳) ک + و + ه	کوه
۱۲) ل + ی + س + ت	لیست	۲۴) س + ی +ا + ه	سیاه

Exercise 9:

طاس tās	آژانس āzhans
ماه māh	گوشی gushi
ویلا vilā	یونان yunān
عالی āli	تیغ tigh
کَباب kabāb	هُتِل hotel
اُرکِستر orkestr	اِمروز emruz
پاکِستان pākestān	اَفغانِستان afghānestān
تُرکیه torkieh	ژاپُن zhāpon
آمریکا āmrikā	ایران irān

LESSON 1

Exercise 1.1.

۱) د + ا + ن + ش + ج + و	دانشجو
۲) ا + س + ت + ا + د	استاد
۳) م + ن	من
۴) چ + ط + و + ر	چطور
۵) د + ک + ت + ر	دکتر
۶) ا + س + م	اسم

Exercise Answer Key

Exercise 1.2.

۱)	ا + ی + ر + ا + ن + ی	ایرانی
۲)	آ + م + ر + ی + ک + ا + ی + ی	آمریکایی
۳)	م + ص + ر + ی	مصری
۴)	ژ + ا + پ + ن + ی	ژاپنی
۵)	پ + ا + ک + س + ت + ا + ن + ی	پاکستانی

Exercise 1.3.

1) What is the first question that Amir asks?
    c) How are you?

2) Where is Amir from?
    a) He is Iranian.

3) What is their occupation?
    c) Both of them are students.

Translation of Exercise 1.3.
Amir: Hello, how are you?
Shahin: I am well. Thank you. How are you?
Amir: I am not bad.
Shahin: My name is Shahin.
Amir: My name is Amir.
Shahin: Are you Iranian?
Amir: Yes, how about you?
Shahin: I, too, am Iranian.
Amir: Are you a student?
Shahin: Yes, how about you?
Amir: I, too, am a student.

Exercise 1.4.

امیر: سلام، حال شما چطوره (است)؟
شهین: خوبم، مرسی. شما چطورید؟
امیر: بد نیستم.
شهین: اسم من شهینه (است).
امیر: اسم من امیره.
شهین: شما ایرانی هستید؟
امیر: بله، شما چطور؟
شهین: من هم ایرانیم.
امیر: شما دانشجو هستید؟
شهین: بله، شما چطور؟
امیر: من هم دانشجوام (هستم) .

Exercise 1.5.

۱) من دکتر هستم.

۲) آنها ایرانی هستند.

۳) ما آمریکایی هستیم.

۴) شما کجایی هستید؟

۵) تو کجایی هستی؟

Exercise 1.6.

۱) امیر و نسرین دانشجو اند (هستند).

۲) ما ایرانی هستیم.

۳) شما استادید (هستید)؟

۴) آقای کریمی استاد است .

۵) الکس کجایی است؟

۶) حال شما چطور است؟

۷) تو چطوری؟

LESSON 2

Exercise 2.1.

این چیه؟(What is this?)	این چیه؟	این چیه؟
این مداده (است).	این کیفه (کیف است).	این خانه است.

Exercise 2.2.

پرویز: مامان این چیه؟
مادر: این کتابه.
پرویز: این هم کتابه؟
مادر: نه، این دفتره.
پرویز: این صندلیه یا میزه؟
مادر: این میزه.
پرویز: اون چیه؟
مادر: اون ساعته.
پرویز: اون ساعت مالِ منه؟
مادر: نه، اون ساعت مالِ باباست.
پرویز: این مداد هم مال باباست؟
مادر: نه، مالِ منه.

Exercise 2.3.

پنجره‌ها	کتاب‌ها
میزها	خانه‌ها
دفترها	پسرها
گربه‌ها	سگ‌ها
صندلی‌ها	دیوارها

Exercise 2.4.

مداد	کتاب	روان‌شناسی
دفتر	میزها	کلاس
صندلی	دفترها	فلسفه

Exercise 2.5.

۱) شهین، تو چقدر پول داری؟
من پنج دلار دارم.

۲) پدر و مادر تو در آستین خانه دارند؟
بله. یک خانهٔ بزرگ دارند.

۳) کی کلاس فارسی دارد؟
من و رابرت کلاس فارسی داریم.

Exercise 2.6.

نسرین: تو این ترم چند تا کلاس داری؟
رابرت: پنج تا.
نسرین: چی؟

Exercise Answer Key

رابرت: فیزیک، شیمی، تاریخ، جغرافی و فارسی. تو چی؟
نسرین: من فقط چهار تا کلاس <u>دارم</u> فارسی، فلسفه، اقتصاد و ادبیات انگلیسی.

Alex arrives and joins the conversation.

رابرت: نسرین چهار تا کلاس <u>داره</u> (دارد)، من پنج تا. تو چند تا کلاس <u>داری</u>؟
الکس: من این ترم فقط سه تا کلاس <u>دارم</u>.
رابرت: فقط سه تا؟
الکس: آره. چون کار می‌کنم.
نسرین: چه کلاس‌هایی <u>داری</u>؟
الکس: روانشناسی، جامعه شناسی و مردم شناسی.

Exercise 2.7.

1) Where is Shahin going?
    a) To the library.

2) How many courses does Alex have?
    a) Three.

3) Why does Alex have only three classes?
    b) Because he is working.

Translation of Exercise 2.7.
Shahin: Hello, Alex.
Alex: Hello, Shahin, how are you?
Shahin: I am not bad.
Alex: Where are you going?
Shahin: The library.
Alex: At eight p.m.?
Shahin: Yes, I have a lot of (studying).
Alex: How many classes do you have this semester?
Shahin: Five.

Alex: What?
Shahin: Physics, chemistry, history, geography, and Persian literature. How many classes do you have?
Alex: Three.
Shahin: Only three?
Alex: Yes, because I am working this semester.

Exercise 2.8.

1) This book is mine.

این کتاب مال منه (من است).

2) That pencil is mine too.

این مداد هم مال منه (من است).

3) Those books belong to Ms. Mortezai.

این کتاب‌ها مال خانم مرتضاییه (مرتضایی است).

LESSON 3

Exercise 3.1.

سخت	باهوش	روان‌شناسی	
آسان	مهربان	شیمی	
مشکل	بی‌تربیت	دوست داشتنی	

Exercise 3.2.

نسرین: کلاس‌های تو سخت‌اند؟
الکس: نه خیلی. فقط کلاس روان‌شناسی کمی سخته.
نسرین: ولی کلاس‌های من خیلی سخت‌اند، بخصوص فارسی.
رابرت: ولی به نظر من فارسی مشکل نیست.
الکس: من هم همینطور فکر می‌کنم. فارسی آسونه.
رابرت: برای من شیمی خیلی سخته.

Exercise Answer Key

Exercise 3.3.

ژاله: تو اونو می‌شناسی؟
امیر: آره. اسمش الکسه. خیلی پسر مهربونیه. خیلی هم جدی و پرکاره.
ژاله: اون که کنارش نشسته کیه؟
امیر: شهینه. خیلی دختر خوبیه. خیلی هم باهوش و دوست‌داشتنیه.
ژاله: الکس کجاییه؟
امیر: نمی‌دونم.

Exercise 3.4.

۱) کلاس‌های نسرین سخت‌اند. درست

۲) الکس مهربان و جدی است. درست

۳) شهین دوست داشتنی نیست. غلط

Exercise 3.6.

۱) من الکس را می‌شناسم. (شناختن affirmative)
۲) پدر و مادر من هنوز رابرت را نمی‌شناسند. (شناختن negative)
۳) نسرین، می‌دانی الکس چند تا کلاس دارد؟ (دانستن affirmative)
۴) الکس این ترم کلاس فارسی ندارد. (داشتن negative)
۵) ژاله و امیر هر دو ایرانی هستند. (بودن affirmative)

Exercise 3.7.

1) What does Amir think about Nasrin?
    a) That she is a nice woman.

2) What does Zhāleh think about Robert?
    c) That he is kind and sociable.

3) Why does Zhāleh think that Nasrin is not very intelligent?
    a) Because she asks strange questions in class.

Translation of Exercise 3.7.

Zhāleh: Do you know Nasrin?
Amir: Yes, she is a good girl.
Zhāleh: Yes, but in my opinion she is not very intelligent.
Amir: How come?
Zhāleh: In class, she always asks strange questions.
Amir: Hmmm... I don't have any classes with Nasrin.
Zhāleh: In my opinion Nasrin is very nervous too.
Amir: How about Robert? Do you know Robert?
Zhāleh: Yes, he is a very nice boy. He is very sociable too.

Exercise 3.8.

۱) هستم + من + اکبر.
من اکبر هستم.

۲) یک + پسر + رابرت + است + مهربان.
رابرات یک پسر مهربان است.

۳) می‌شناسیم + آنها + را + ما.
ما آنها را می‌شناسیم.

۴) می‌دانید + کجا + رستوران فیگارو + است + شما؟
شما می‌دانید رستوران فیگَارو کجاست؟

۵) آقای کریمی + استادان + خانم رضایی + و + هستند + خوبی.
خانم رضایی و آقای کریمی استادان خوبی هستند.

۶) باهوش + جدی + و + نسرین + هستند + رابرت + و.
نسرین و رابرت باهوش و جدی هستند.

۷) شهین + پرکاری + الکس + و + هستند + دانشجوهای.
شهین و الکس دانشجوهای پرکاری هستند.

۸) نمی‌دانند + ژاله + دانشگاه + نیویورک + کجا + امیر + و + است.
ژاله و امیر نمی‌دانند دانشگاه نیویورک کجاست.

۹) خیلی + فارسی + آسان + است + کلاس.
کلاس فارسی خیلی آسان است.

LESSON 4

Exercise 4.1.

۱) آقای کریمی در آستین زندگی می‌کند. (کجا)
آقای کریمی کجا زندگی می‌کند؟

۲) رابرت امروز درس نمی‌خواند چون خسته است. (چرا)
چرا رابرت امروز درس نمی‌خواند؟

۳) رابرت و نسرین این ترم کلاس فارسی دارند. (کی)
کی این ترم کلاس فارسی دارد؟*

۴) ماشین من تویوتاست. (چی)
ماشین تو چی است؟

Exercise 4.2.

۱) تو این ترم کلاس ادبیات فارسی داری؟
نه. این ترم ادبیات فارسی ندارم ولی ادبیات انگلیسی دارم.

۲) پدر و مادرِ تو کجا زندگی می‌کنند؟
پدر من در کانادا زندگی می‌کند و مادرم در اسپانیا.

۳) تو امشب درس نمی‌خوانی؟
نه. امشب درس نمی‌خوانم چون خیلی خسته هستم .

---

* Note that the word کی (who) takes singular verb.

Exercise 4.3.

خونه	دستشویی	گرون
خوابگاه	حمام	ارزون
خیابان	طبقه	اتاق

Exercise 4.4.

۱) نسرین کجا زندگی می‌کند؟
نسرین در خوابگاه زندگی می‌کند.

۲) نسرین چند تا هم‌اتاقی دارد؟
نسرین هم‌اتاقی ندارد.

۳) اتاق نسرین چطور است؟
اتاق نسرین کوچک و قدیمی و گران است.

Exercise 4.5.

۱) رابرت با کی زندگی می‌کند؟
رابرت با خانواده‌اش زندگی می‌کند.

۲) خانهٔ رابرت چند تا اتاق خواب دارد؟
خانهٔ رابرت دو اتاق خواب دارد.

Exercise 4.6.

۱) دانشجویان همیشه در کتابخانهٔ دانشگاه درس می‌خوانند. (کجا)
دانشجویان همیشه کجا درس می‌خوانند؟

۲) رابرت با برادر نسرین به پارک می‌رود. (کِی)
رابرت با کی به پارک می‌رود؟

۳) حال الکس <u>خوب</u> نیست. (چطور)
حال الکس <u>چطور</u> است؟

۴) پدر و مادر شهین <u>امروز</u> به نیویورک می‌آیند. (کِی)
پدر و مادر شهین <u>کِی</u> به نیویورک می‌آیند؟

۵) استاد و <u>دانشجویان</u> امشب یک فیلم وسترن تماشا می‌کنند. (کی)
<u>کی</u> امشب یک فیلم وسترن تماشا می‌کند؟

Exercise 4.7.

هستند، می‌شناسد، درس دارد، دارد، نمی‌دهد

نسرین امشب پارتی دارد. همهٔ هم‌کلاسی‌ها در آپارتمان او هستند. شهین در پارتی نیست چون درس دارد. رابرت هم آنجاست. او همهٔ هم‌کلاسی‌ها را می‌شناسد. بعد از غذا نسرین به همه کیک و قهوه می‌دهد ولی به الکس کیک نمی‌دهد چون او را دوست ندارد.

Exercise 4.8.

1) Where does Mr. Karimi live?
    c) In an apartment.

2) On which floor does Mr. Karimi live?
    c) Third.

3) How is his neighborhood?
    a) It is crowded.

Translation of Exercise 4.8.
Ms Rezai: Do you have a house or an apartment?
Mr. Karimi: I have a small apartment.

Ms. Rezai: How many bedrooms does it have?
Mr. Karimi: It has only one bedroom.
Ms. Rezai: Which floor is it on?
Mr. Karimi: The third floor.
Ms. Rezai: Is your neighborhood good?
Mr. Karimi: It is not bad. It is just a little crowded.

LESSON 5

Exercise 5.1.

همیشه	کالیفرنیا	پاییز
معمولا	تگزاس	فروردین
دسامبر	خستگی	بهار

Exercise 5.2.

۱) رابرت روزهای جمعه بعد از ظهر کجا می‌رود؟
رابرت روزهای جمعه بعد از ظهر (به) پارک می‌رود.

۲) به نظر نسرین قشنگ‌ترین فصل سال کدامست؟
به نظر نسرین قشنگ‌ترین فصل سال پاییز است.

۳) رابرت بعد از امتحانات آخر ترم کجا می‌رود؟
رابرت بعد از امتحانات آخر ترم (به) کالیفرنیا می‌رود.

Exercise 5.3.

ده ۱۰	دهُم
سی و دو ۳۲	سی و دوم
چهل ۴۰	چهلم
صد و هشتاد و شش ۱۸۶	صد و هشتاد و ششم
نهصد و نود و نه ۹۹۹	نهصد و نود و نهم

Exercise Answer Key

Exercise 5.4.

رابرت و نسرین روزهای شنبه هیچ‌وقت در خانه نمی‌مانند. آنها معمولا به سینما و یا به رستوران می‌روند. آنها روزهای یکشنبه در خانه می‌مانند و تلویزیون تماشا می‌کنند. رابرت فیلم‌های ایرانی را خیلی دوست دارد ولی نسرین فیلم آمریکایی دوست دارد. آنها بعد از تمام شدن فیلم معمولا قهوهٔ ترک درست می‌کنند.

۱) رابرت و نسرین معمولا روزهای شنبه چکار می‌کنند؟
رابرت و نسرین معمولا روزهای شنبه به سینما و یا رستوران می‌روند.

۲) نسرین چه فیلم‌هایی را دوست دارد؟
نسرین فیلم‌های امریکایی را دوست دارد.

۳) آنها معمولا کِی قهوهٔ ترک درست می‌کنند؟
آنها بعد از تمام شدن فیلم قهوهٔ ترک درست می‌کنند.

Exercise 5.5.

۱) تو کدام روز هفته را دوست داری؟
من جمعه را <u>دوست دارم</u>.

۲) معمولا شنبه‌ها چکار می‌کنی؟
تلویزیون <u>تماشا می‌کنم</u>.

۳) کجا می‌روی؟
می‌روم سینما. یک فیلم خوب نشان می‌دهند.

Exercise 5.6.

۱) ما همیشه تلویزیون تماشا می‌کنیم (تماشا کردن).
۲) امروز پنجشنبه است و ما درس نمی‌خوانیم (درس خواندن negative).

Exercise 5.7.

		بهار	۱) فصل اول سال
		شنبه	۲) روز اول هفته
شهریور	مرداد	تیر	۳) ماه‌های فصل تابستان
اسفند	بهمن	دی	۴) ماه‌های فصل زمستان
		پاییز	۵) فصل سوم سال
زرد	نارنجی	قرمز	۶) رنگ‌های رنگین کمان
بنفش	آبی	سبز	

Exercise 5.8.

1) What is the patient's answer to "What is today's date"?
    a) 22nd of Farvardin

2) What is the patient's answer to "Which day of the week is it"?
    c) Tuesday

3) According to the patient how many days does a year have?
    a) 248

Translation of Exercise 5.8.
Doctor: What is today's date?
Patient: 22nd of *farvardin*.
Doctor: What year?
Patient: I don't know.
Doctor: Hmmm ... which day of the week is today?
Patient: I think it's Tuesday.
Doctor: How many days does one year have?
Patient: 248 days!
Doctor: What is your phone number?
Patient: 249815.

LESSON 6

Exercise 6.1.

۱) چرا الکس درس می‌خواند؟
چون (because) فردا صبح ساعت هشت و نیم امتحان دارد.

۲) فیلم ساعت چند شروع می‌شود؟
فیلم ساعت پنج و ربع شروع می شود.

۳) چرا الکس با شهین به سینما نمی‌رود؟
چون فیلم خیلی طولانی است و او فردا امتحان د ارد.

Exercise 6.2.

۱) امتحان الکس چطور شد؟ چرا؟
خوب نشد. چون وقت کم بود.

۲) امتحان الکس چقدر طول کشید؟
امتحان الکس چهل و پنج دقیقه طول کشید.

Exercise 6.3.

دیروز	سینما	هشت و نیم
امروز	تئاتر*	<u>ساعت</u>
<u>طولانی</u>	<u>فیلم</u>	پنج و ربع

* تئاتر is the place where plays are performed.

Exercise 6.4.

۴:۳۰	چهار و نیم
۱۱:۱۲	یازده و دوازده دقیقه
۹:۲۰	نه و بیست دقیقه
۸:۴۵	هشت و چهل و پنج دقیقه
۶:۵۰	شش و پنجاه دقیقه

Exercise 6.6.

۱) امروز صبح دانشجویان کلاس فارسی امتحان داشتند (داشتن).
۲) امتحان کمی سخت بود.
۳) بعد از امتحان دانشجویان خیلی خسته بودند.
۴) رابرت و نسرین به کافه تریای دانشگاه رفتند.
۵) بعد از چند دقیقه الکس و شهین هم آمدند.
۶) (آنها) چند ساعت آنجا نشستند و حرف زدند.

Exercise 6.7.

1) How many days did Amir stay in California?
   a) 11 days.

2) How was the weather during the first two days?
   b) Not bad.

3) Describe the weather during last nine days.
   c) Rainy, cloudy, windy and cold.

Translation of Exercise 6.7.

Zhaleh: How many days were you in California?
Amir: 11 days.
Zhaleh: How was the weather?

Amir: The first two days were not bad. But the next nine days the weather was very bad.
Zhaleh: Did it snow?
Amir: No, but it was very rainy. And the days that it did not rain, it was completely cloudy.
Zhaleh: Was the weather hot or cold?
Amir: Most of the time it was cold.
Zhaleh: Was it also windy?
Amir: Yes, very.

Exercise 6.8.

می‌مانیم، دوست ندارم، کمی، می‌شود، زمستان

سلام اکبر چطوری؟ من الآن در تهران هستم. هوای اینجا <u>کمی</u> سرد است. خوب، زمستان است. دیروز با پدر و مادرم به رستوران رفتیم. شهین و نسرین هم آمدند. فردا به اصفهان می‌رویم و پنج روز آنجا <u>می‌مانیم</u> هوای اصفهان در زمستان خیلی سرد <u>می‌شود</u> من اصفهان را <u>دوست ندارم</u> ولی شهین خیلی آنجا را دوست دارد چون برادرش آنجا زندگی می‌کند.

Exercise 6.9.

1) How was your exam?

امتحانت چطور شد؟

2) I called you last week but you were not home.

من هفتهٔ پیش به تو تلفن کردم ولی خانه نبودی.

3) Last night, at 6:00 p.m, Akbar and Ebrahim went home.

دیشب ساعت شش عصر اکبر و ابراهیم (به) خانه رفتند.

LESSON 7

Exercise 7.1.

۱) چرا الکس به مهمانی خانم رضایی نرفت؟
چون کار داشت.

۲) آقای کریمی با کی به مهمانی خانم رضایی رفت؟
آقای کریمی با خانمش به مهمانی خانم رضایی رفت.

۳) شهین کِی به خانه برگشت؟
شهین حدود دو و نیم صبح به خانه برگشت.

Exercise 7.2.

۱) رابرت کدامیک از کتاب‌های صادق هدایت را خوانده است؟
رابرت اکثر کتاب‌های صادق هدایت را خوانده است.

۲) آیا رابرت فیلم "داش آکل" را دیده است؟
نه، رابرت فیلم "داش آکل" را ندیده است.

Exercise 7.3.

استاد	بوف کور	تقریبا
رقصیدن	غذا خوردن	متاسفانه
دانشجو	داش آکل	برگشتن

Exercise 7.4.

۱) ماشین من خراب است.
ماشینم خراب است.

۲) آپارتمان من کوچک است.
آپارتمانم کوچک است.

۳) کلاس‌های من سخت‌اند.
کلاس‌هایم سخت‌اند.

Exercise 7.5.

۱) تو کدام‌یک از کتاب‌های صادق هدایت را خوانده‌ای؟
من فقط کتاب **بوف کور** را خوانده‌ام.

۲) تا حالا فیلم ایرانی دیده‌اید؟
بله. من فیلم‌های **رگبار** و **دونده** را دیده‌ام.

۳) چند بار به ایران مسافرت کرده‌اید؟
من هیچ‌وقت به ایران مسافرت نکرده‌ام.

Exercise 7.6.

۱) چرا با ما به رستوران نیامدی؟
برای اینکه قبلاً غذا خورده بودم.

۲) دیشب ساعت ده به تو تلفن کردم. چرا جواب ندادی؟
چون خوابیده بودم.

۳) تو هفتهٔ پیش مهمانی خانم رضایی رفتی؟
آره.
نسرین را دیدی؟
نه. وقتی من رسیدم نسرین رفته بود.

Exercise 7.7.

۱) من تا حالا در فرانسه زندگی نکرده‌ام.
۲) رابرت و نسرین تا حالا به رستوران ایتالیایی نرفته‌اند.
۳) الکس دیروز ساعتِ پنج به خانهٔ ما آمد.
۴) شما تا حالا رمان فَارسی خوانده‌اید؟
۵) وقتی شهین به شیراز رسید الکس از آنجا رفته بود.
۶) کلاس ما هر روز ساعت ده شروع می‌شود.

Exercise 7.8.

۱) دیروز تعطیل بود و ما کلاس نداشتیم.
۲) من سه بار(three times) به آفریقا مسافرت کرده‌ام (مسافرت کردم).
۳) دانشجوها از دیروز تا حالا برای امتحان درس خوانده‌ام (درس می‌خواندم*).

Exercise 7.9.

1) When did Alex call Shahin?
 b) Eight p.m.

2) What does Shahin think about the movie?
 b) It was not very good.

3) What did they do after the movie?
 c) They returned home and talked.

Translation of Exercise 7.9.
Alex: I called you last night at eight. You were not home.
Shahin: Yes, I had gone to the movies.
Alex: With whom?
Shahin: With two of my old friends.
Alex: How was it?

* This is past continuous. We will study this tense in the next chapter.

Shahin: The movie was not very good but when we returned home we sat and talked for a few hours.
Alex: Are your friends students?
Shahin: No, it's been almost two years that they have finished their studies. [They finished their studies two years ago.]

Exercise 7.10.

1) Who has not come to class today?

کی امروز به کلاس نیامده است؟

2) They have not returned from school yet.

آنها هنوز از مدرسه برنگشته‌اند.

3) You have not worked today.

شما امروز کار نکرده‌اید.

4) She hasn't gone to school yet.

او هنوز به مدرسه نرفته است.

LESSON 8

Exercise 8.1.

۱) خانم کریمی دنبال چه جور لباسی می‌گردد ؟
خانم کریمی دنبال یک کت و دامن می‌گردد.

۲) سایز خانم کریمی چند است ؟
سایز خانم کریمی سی و چهار کوچک است.

۳) خانم کریمی از کجای لباس خوشش نمی‌آید ؟
خانم کریمی از یقهٔ لباس خوشش نمی‌آید.

Exercise 8.2.

فروشنده	کت	خوابم می‌آد	مردانه
خریدار	دامن	دوست دارم	زنانه
خاص	شلوار	بدم می‌آد	بچگانه
فروشگاه	سایز	خوشم می‌آد	حراج

Exercise 8.3.

قشنگ (beautiful)   نو (new)   بزرگ (big)   پولدار (rich)

بچّهٔ اوّل: بابام دیروز یک ماشین نو خرید. خیلی از ماشین شما قشنگ‌تره.
بچّهٔ دوّم: ولی بابای من از بابای تو پولدارتره.
بچّهٔ اوّل: اگر بابای تو پولدارتره پس چرا خونهٔ ما بزرگ‌تره؟
بچّهٔ دوّم: چون خونهٔ ما نوتره!

Exercise 8.4.

۱) شما از چه غذایی خوشتان می‌آید؟
من از غذای ژاپنی خوشم می‌آید.

۲) شما خسته هستید؟
نه. فقط خوابم می‌آید.

Exercise 8.5.

۱) هر وقت تلفن می‌کنم دارد تلویزیون تماشا می‌کند.
دیروز وقتی تلفن کردم داشت تلویزیون تماشا می‌کرد.

۲) داری چکار می‌کنی؟
داشتی چکار می‌کردی؟

۳) دارید کجا میرید؟
داشتید کجا می‌رفتید؟

Exercise 8.6.

1) Where did Shahin get her shirt?
    b) She bought it from a store near her house.

2) What does Alex think?
    a) He thinks it is a good buy because Shahin paid only ten dollars.

3) Does Shahin know if the store has men's shoes?
    b) Yes, she is sure they have men's shoes.

Translation of Exercise 8.6.
Alex: Hello.
Shahin: Hello.
Alex: What a beautiful shirt! Where did you buy it?
Shahin: From a store near our house.
Alex: How much did you buy it for?
Shahin: Ten dollars.
Alex: Only ten dollars! How cheap!
Shahin: Yes, of course there was a sale.
Alex: Did they have men's trousers and shoes?
Shahin: Yes, of course I just looked at the women's section but I am sure they sell men's clothes too.

LESSON 9

Exercise 9.1.

۱) چرا نسرین جوجه کباب نمی‌خورد؟
چون جوجه کباب رستوران تمام شده است.

۲) رابرت نوشیدنی چی می‌خورد؟
رابرت پپسی می‌خورد.

۳) نسرین و رابرت چه غذاهایی سفارش می‌دهند؟
نسرین و رابرت یک چلوکباب کوبیده و یک چلو خورش سبزی سفارش می‌دهند.

Exercise 9.2.

برنج	موافق	متاسفانه	پپسی
قورمه سبزی	مخالف	بدبختانه	پیش غذا
کباب	بی‌تفاوت	خوشبختانه	غذای اصلی
دوغ	میل کردن	ببخشید	سالاد

Exercise 9.3.

۱) مرد آمد. / مرد دوست من بود.
مردی که آمد دوست من بود.

۲) پدر و مادر من آپارتمان خریدند. / آپارتمان کوچک بود.
پدر و مادر من آپارتمانی خریدند که کوچک بود.
آپارتمانی که پدر و مادر من خریدند کوچک بود.

Exercise 9.4.

۱) برو خانه و یک سوپ گرم بخور و بخواب!
۲) فردا دانشگاه نیا!
۳) زیاد درس نخوان!

Exercise 9.5.

۱) اگر یک میلیون دلار ببَری چکار می‌کنی؟
اگر یک میلیون دلار ببرم اول یک خانه برای پدر و مادرم می‌خرم.

۲) اگر مهمان‌هایت نیایند (نیامدند) با اینهمه غذا چکار می‌کنی؟
اگر مهمان‌هایم نیایند همهٔ غذاها را خودم می‌خورم.

Exercise 9.6.

1) If I see them I will tell them.

اگر آنها را ببینم (دیدم) به آنها می‌گویم.*

2) If you (*2nd person singular*) go to the movies take him, too.

اگر به سینما می‌روی (رفتی) او را هم ببر.

Exercise 9.7.

1) Why is Amir busy cooking?
    a) He has invited his friends for dinner.

2) What is he cooking?
    a) Chicken, French fries and omelette.

3) Why does he prepare omelette and chicken?
    c) Because one of his friends is vegetarian.

Translation of Exercise 9.7.
Zhaleh: What are you doing?
Amir: I am cooking. (*Lit.* preparing food)
Zhaleh: All of this food for yourself?
Amir: No. Tonight three of my friends are coming here for dinner.
Zhaleh: What are you making? (*Lit.* What do you want to prepare?)
Amir: Chicken platter, French fries, and one mushroom omelet.
Zhaleh: Both chicken and an omelet?
Amir: Yes, because one of my friends doesn't eat meat. He is vegetarian.

---

* To avoid the repetition of the word آنها, usually the attached pronoun is used. Attached pronouns are not studied in this volume.

LESSON 10

Exercise 10.1.

۱) الکس چطور می‌فهمد که رابرت و نسرین می‌خواهند ازدواج کنند؟
شهین به او می‌گوید.

۲) چرا الکس خوشحال است؟
چون او هم می‌تواند در عروسی‌شان شرکت کند.

۳) رابرت و نسرین کِی عروسی می‌کنند؟
به محض اینکه ترم بهار تمام بشود.

۴) چه کسانی به جشن عروسی دعوت می‌شوند؟
تمام هم‌کلاسی‌ها به جشن عروسی دعوت می‌شوند.

۵) رابرت و نسرین ماه عسل کجا می‌روند؟
هنوز معلوم نیست چون رابرت دلش می‌خواهد مکزیک بروند ولی نسرین فرانسه را ترجیح می‌دهد.

Exercise 10.2.

ازدواج	دوست داشتن	وقتی که	ماه آبان	
طلاق	ترجیح دادن	موقعی که	ماه عسل	
جدایی	خوش آمدن	جایی که	ماه بهمن	
دعوت	تصمیم گرفتن	به محض اینکه	ماه اسفند	

Exercise 10.3.

عروسی	طلاق
خوش آمدن	بد آمدن
حتما	شاید
شروع کردن	تمام کردن
هیچکس	همه

Exercise 10.4.

1) Where will Nasrin and Robert go after their marriage?
    a) They will go to New York.

2) Where are they going to live?
    b) In a small apartment.

3) Why don't they go to a better neighborhood?
    c) Because they do not have enough money.

Translation of Exercise 10.4.
Shahin: Are you going to stay here after the wedding?
Robert: No. We have decided to go to New York after the wedding. Nasrin's parents have found us an apartment whose price is very suitable.
Shahin: Is it a big apartment?
Robert: No. It is very small. It has one bedroom, one living room, one kitchen, and one small bathroom (*Lit.* toilet).
Shahin: How is your neighborhood?
Robert: It is very crowded.
Shahin: Why don't you go to a better neighborhood?
Robert: Better neighborhoods are more expensive. We cannot [do it] now. We want to stay in this apartment for one year and save a little money and then go to a quieter neighborhood.

Exercise 10.5.

الکس: ماه عسل کجا می‌روید؟
نسرین: تصمیم گرفته‌ایم برویم پاریس.
الکس: بلیط خریده‌اید؟
نسرین: نه هنوز.
الکس: باید هر چه زودتر بخرید.
نسرین: هفتهٔ دیگر می‌خریم.
الکس: راستی می‌خواهید در هتل بمانید؟
نسرین: هنوز تصمیم نگرفته‌ایم. عموی من در پاریس زندگی می‌کند. شاید خانهٔ او بمانیم.

Audio Track List

 Audio files available for download at:
http://www.hippocrenebooks.com/beginners-online-audio.html

Folder 1
1. ***Beginner's Persian (Farsi) with Online Audio*** by Mohammad Mehdi Khorrami, text copyright 2011 Khorrami, audio copyright 2011 Hippocrene Books
2. Introduction: Alphabet Pronunciation
3. Lesson 1: Conversation 1
4. Lesson 1: Conversation 1–Repetition
5. Lesson 1: Conversation 2
6. Lesson 1: Conversation 2–Repetition
7. Lesson 1: Conversation 3
8. Lesson 1: Conversation 3–Repetition
9. Lesson 1: Conversation 4
10. Lesson 1: Conversation 4–Repetition
11. Lesson 1: Conversation 5
12. Lesson 1: Conversation 5–Repetition
13. Lesson 1: Conversation 6
14. Lesson 1: Conversation 6–Repetition
15. Lesson 1: Conversation 7
16. Lesson 1: Conversation 7–Repetition
17. Lesson 1: Vocabulary List
18. Lesson 1: Exercise 1.3
19. Lesson 2: Conversation 1
20. Lesson 2: Conversation 1–Repetition
21. Lesson 2: Conversation 2
22. Lesson 2: Conversation 2–Repetition
23. Lesson 2: Vocabulary List
24. Lesson 2: Exercise 2.7
25. Lesson 3: Conversation 1
26. Lesson 3: Conversation 1–Repetition
27. Lesson 3: Conversation 2
28. Lesson 3: Conversation 2–Repetition
29. Lesson 3: Adjectives
30. Lesson 3: Vocabulary List
31. Lesson 3: Exercise 3.7
32. Lesson 4: Conversation
33. Lesson 4: Conversation 1–Repetition
34. Lesson 4: Vocabulary List
35. Lesson 4: Reading
36. Lesson 4: Reading: Repetition
37. Lesson 4: Exercise 4.8
38. Lesson 5: Conversation 1
39. Lesson 5: Conversation 1–Repetition

40. Lesson 5: Conversation 2
41. Lesson 5: Conversation 2–Repetition
42. Lesson 5: Days of the week
43. Lesson 5: Cardinal Numbers
44. Lesson 5: Ordinal Numbers
45. Lesson 5: Additional Compound Verbs
46. Lesson 5: Colors of the Rainbow
47. Lesson 5: Vocabulary List
48. Lesson 5: Exercise 5.8

Folder 2
1. Lesson 6: Conversation 1
2. Lesson 6: Conversation 1–Repetition
3. Lesson 6: Conversation 2
4. Lesson 6: Conversation 2–Repetition
5. Lesson 6: Time
6. Lesson 6: New Verbs
7. Lesson 6: Vocabulary List
8. Lesson 6: Exercise 6.7
9. Lesson 7: Conversation 1
10. Lesson 7: Conversation 1–Repetition
11. Lesson 7: Conversation 2
12. Lesson 7: Conversation 2–Repetition
13. Lesson 7: Present Perfect
14. Lesson 7: Past Perfect
15. Lesson 7: Vocabulary List
16. Lesson 7: Exercise 7.9
17. Lesson 8: Conversation 1
18. Lesson 8: Conversation 1–Repetition
19. Lesson 8: Single Person or Impersonal Verbs
20. Lesson 8: Two More Verbs
21. Lesson 8: Past Continuous Verbs
22. Lesson 8: Vocabulary List
23. Lesson 8: Exercise 8.6
24. Lesson 9: Conversation 1
25. Lesson 9: Conversation 1–Repetition
26. Lesson 9: Using "Keh"
27. Lesson 9: Imperative
28. Lesson 9: Conditional Sentences
29. Lesson 9: Exercise 9.7
30. Lesson 9: Vocabulary List
31. Lesson 10: Conversation 1
32. Lesson 10: Conversation 1–Repetition
33. Lesson 10: Present Subjunctive
34. Lesson 10: Future Tense
35. Lesson 10: Vocabulary List
36. Lesson 10: Exercise 10.4

www.ingramcontent.com/pod-product-compliance
Lightning Source LLC
Chambersburg PA
CBHW071708160426
43195CB00012B/1617
9780781813808